BERNIE MAY

Unter seinen Flügeln

Bernie May war über 30 Jahre lang als Missionspilot im Einsatz. Er war Leitender Direktor von JAARS (Jungle Aviation and Radio Service) und Direktor der Wycliffe Bibel-Übersetzer; z. Zt. ist er als »Sonderbotschafter« für Wycliffe unterwegs.

Die Deutsche Bibliothek – CIP-Einheitsaufnahme

May, Bernie:
Unter seinen Flügeln / Bernie May. [Übers. von Christina Hunziger]. – Neuhausen-Stuttgart : Hänssler, 1998
(Hänssler-Taschenbuch)
ISBN 3-7751-3002-0

Published 1991 by Wycliffe Bible Translators, Huntington Beach, CA., USA
Originaltitel: Under His Wings
Übersetzt von Christina Hunziger

hänssler-Taschenbuch
Bestell-Nr. 393.002
ISBN 3-7751-3002-0

Umschlagillustration + Innenfotos: JAARS Inc. Waxhaw, NC, USA
Umschlaggestaltung: Martina Stadler
Satz: AbSatz Ewert-Mohr, Klein Nordende
Druck und Bindung: Ebner Ulm
Printed in Germany

Für meine Frau Nancy,
die heute vor 26 Jahren mein
Copilot wurde.

Danke Nancy, dass
du meine Messgeräte prüfst,
meine Flugrichtung korrigierst, dich
um die Passagiere kümmerst
und mir hilfst, auf dem richtigen
Kurs zu bleiben.

Bernie May
5. Juni 1979

Dank

Gott hat es gutgemeint,
als er einen Piloten, der manchmal
schreibt (mich), und einen Schriftsteller,
der manchmal fliegt, als Freunde zusammenbrachte.
Ich möchte Jamie Buckingham ganz herzlich
danken für all seine Liebe, Ermutigung
und redaktionelle Hilfe.

INHALT

VORWORT

Ich möchte Ihnen dieses Büchlein wärmstens ans Herz legen. Bernie May ist ein Missions-Dschungelpilot und ein Diener Gottes. Mit ungewöhnlicher Geschicklichkeit verwandelt er auf diesen Seiten Begebenheiten aus dem Piloten-Alltag in fesselnde, geistliche Lektionen.

Ob Sie schon einmal persönlich ein Flugzeug geflogen haben oder nicht, Sie werden sich selber in den beschriebenen Situationen wiederfinden. Wie sagt doch Bernie May? »Die Botschaft der Bibel gilt für Piloten wie für Pilger.« Sie werden schmunzeln über Bernies wahre Anekdoten, seine tiefen Einsichten und seine einfühlsame Anwendung biblischer Prinzipien. Sie werden mit ihm seufzen über gemeinsame Schwächen und mit ihm einig sein, dass Gott am besten weiß, wie wir auf den richtigen Kurs kommen.

Schon seit langem verfolge ich mit Interesse den Dienst von JAARS (Jungle Aviation and Radio Service) und der Organisation, welcher JAARS dient, der Wycliff-Bibelübersetzer. Diese unerschrockenen Diener Gottes tragen Sein kostbares Wort zu den sogenannt Unerreichbaren in die entferntesten Gebiete unserer Erde. Während vieler Jahre war Bernie May ein Teil dieses erfolgreichen Teams. Mit einfachen, aber eindrücklichen Worten lässt er uns an seinen Erlebnissen teilhaben.

Lassen Sie sich segnen durch diese Geschichten, und bleiben Sie unter Seinen Flügeln.

Billy Graham

EINFÜHRUNG

Durch das Fliegen habe ich viel über Gott gelernt, und umgekehrt, habe ich von Gott viel übers Fliegen gelernt. Während meinen dreißig Jahren als Missionspilot lernte ich die Tiefe und Weisheit geistlicher Prinzipien so richtig kennen, zum Beispiel das Prinzip der Vergebung, der Hingabe, des Gehorsams, der Gerechtigkeit und des Glaubens.

Besonders des Glaubens!

Dies wurde mir kürzlich wieder bewusst, als ich vom Flughafen in Long Beach abflog. Üblicherweise genießt man dort eine Rundsicht von vielen Meilen. Auf der einen Seite zieht sich Los Angeles die Küste hinunter. Im Hafen kann man die Queen Mary ausmachen, die dort vertäut an ihrem Ankerplatz liegt. Auf der anderen Seite, im Osten, erheben sich am Horizont die Berge der Sierra Madre.

Doch nicht so an diesem Samstag! Der Himmel war bedeckt, Smog und Dunst ließen nicht mehr als eine Meile Sicht zu. Nur wenige Sekunden nachdem die Räder die Startbahn verlassen hatten, konnte ich den Boden nicht mehr erkennen. Das bedeutete, dass ich nach Instrumenten fliegen musste. Durch jahrelange Flugerfahrung – davon viele hundert Stunden im Instrumentenflug – war es mir kein Problem mehr, den Blick vom natürlichen Horizont zum künstlichen am Instrumentenbrett, zu wechseln.

Doch so einfach war das nicht immer gewesen. Ich erinnere mich noch gut, als ich das erste Mal in die Wolken flog. Anstatt dass ich die Flügel nach der grünen Erde unter mir ausrichten konnte, und die Nase nach dem Horizont vor mir, war ich plötzlich von kleinen Skalen und

Messinstrumenten abhängig. Es war zum Fürchten! Instinktiv wollte ich den Schubhebel zurückziehen und mir den Weg durch die Wolken selber suchen. Wusste ich denn, was in diesen Wolken lauerte? Vielleicht eine Backsteinmauer! Welche Erleichterung, als ich auf der andern Seite aus den Wolken barst! Ich hatte ganz einfach den Instrumenten und dem Fluglotsen vertrauen müssen, und bald darauf flog ich wieder in strahlenden Sonnenschein hinein.

An diesem Samstagmorgen, als ich von Long Beach abflog, war ich jedoch ganz entspannt. Erfahrung hatte mich gelehrt, dass ich nichts zu befürchten hatte, keine Hindernisse, mit denen ich zusammenprallen würde, keine überraschenden Kurven, die mich vom Kurs abbrachten. An jenem Morgen war es mir ganz gleich, ob ich etwas sehen konnte oder nicht, denn das Fliegen nach Instrumenten war mir zur zweiten Natur geworden. Ich flog ganz einfach auf die mir zugewiesene Höhe, schaltete den automatischen Piloten ein und griff nach meinem Lunchpaket. Obwohl dichter Nebel unter mir die Erde verhüllte, genoss ich den Flug durch die Wolken.

Ich hatte gelernt, was Vertrauen heißt.

Das ist der Grund, warum ich dieses Büchlein geschrieben habe: Ich möchte einige dieser Glaubenserfahrungen mit Ihnen teilen. Wie sehr wir auch sonnige Tage lieben, es ist und bleibt eine Tatsache, dass wir die meiste Zeit unseres Lebens nach Instrumenten fliegen müssen. Nur selten wissen wir im Voraus, was auf uns zukommt, doch wenn wir unseren Bestimmungsort erreichen wollen, müssen wir Vertrauen lernen. Das macht uns manchmal Angst. Wir wissen zwar, dass Jesus uns vorausgegangen ist und wir uns nicht zu fürchten brauchen, und doch möchten wir am liebsten Schub zurücknehmen. Wir sind stets auf das Schlimmste gefasst und umklammern das Steuer, bis unsere Knöchel vor Anstrengung weiß werden.

Wir wünschen uns ein Wandeln nach »Sicht«, doch das Wandeln im Vertrauen ist viel spannender. Soviel habe ich gelernt! Dieses Buch möchte Sie mitnehmen auf eine aufregende Reise und möchte Ihnen helfen, im Glauben und Vertrauen auf unseren Herrn Jesus zu leben. Es ist eine Sammlung von kleinen Geschichten, die meistens mit Lektionen zu tun haben, die ich in der Luft gelernt habe.

Besonders an bewölkten Tagen.

Bernie May

Realität,
von oben gesehen

DER SIMULATOR

Kürzlich fragte mich eine Bekannte, ob ich schon einmal einen Jumbojet geflogen hätte – einer jener riesigen Vögel, die über vierhundert Passagiere in ihrem Bauch fassen. Beinahe hätte ich Ja gesagt, besann mich dann aber, und meinte: »Na ja, so ungefähr.«

Wie kann man einen Jumbojet »so ungefähr« fliegen?

Mein Freund Roy Long, langjähriger Kapitän einer Linienfluggesellschaft, leitet ein Trainingsprogramm für Jetpiloten in Miami. Piloten, die sich darauf vorbereiten, diese Riesenluftschiffe zu fliegen, werden erst mal in den Simulator geschickt. Dieser Simulator ist eine ganz genaue Nachbildung eines Jumbojet-Cockpits. Das beeindruckende Stück Maschinerie steht in einem Ausbildungszentrum, welches viele Millionen gekostet hat. Das Cockpit befindet sich auf hohen mechanischen Stützen, die sich etwa einen Meter vor- und rückwärts, auf und ab bewegen lassen, und das Ganze wird durch einen Raum voller Computer gesteuert.

Eines Abends lud Roy mich ein, an einer der Trainingsstunden teilzunehmen. Während die Piloten eine Kaffeepause machten, deutete er gegen den Simulator.

»Setz dich an den Sitz des Piloten, Bernie, und schnall dich an. Wir wollen uns an ein paar Starts und Landungen versuchen.«

Während ich mich anschnallte, drückte er verschiedene Knöpfe an der simulierten Steuerung, und ein paar Räume weiter machte sich ein Metallhirn klickend an die Arbeit.

Noch nie war ich so hoch oben in einem Cockpit gesessen. Alles stimmte bis ins kleinste Detail, nichts war der Einbildung überlassen. Der Computer teilte uns mit, dass wir uns am Ende der Startbahn 09 links auf dem internationalen Flughafen von Miami befänden. Vor uns lag die Startbahn – blendend hell in der grellen Spätmorgensonne. Ich drückte die Schubhebel nach vorne, hörte wie die Motoren erst dumpf röhrten und dann schrill aufheulten, während sie auf maximale Umdrehungszahl spulten. Mein Jumbo rollte vorwärts; hinter mir, in der Kabine, begrüßte eine Stewardess die Passagiere. Ich schwitzte ganz schön, als dann die Rollbahn unter mir wegflitzte und der Geschwindigkeitsmesser über 140 Knoten zeigte. Roy rief: »Abheben!«

Ich zog die Steuersäule gegen mich – und wir waren in der Luft, stiegen in das diesige Blau über Miami. Die Kräfte, die ich an der Steuerung fühlte, ließen mich das mächtige Flugzeug hinter mir erahnen. Kaum auszudenken, wenn ich diesen Vogel in den Anden hinunterbringen müsste! Wir stiegen auf Warteschleifenhöhe, kreisten über dem großen Flugfeld, und drehten auf den Endanflugskurs ein. Mein Copilot nickte zustimmend, als ich die Landung vorbereitete, und las mir laut die Geschwindigkeit. Protestierend kreischten die Räder auf der Rollbahn und ich fühlte, wie sich das Gewicht des Flugzeuges auf das Fahrwerk legte. Mit den Füßen auf den Bremsen gab ich Rückschub – und das Flugzeug kam widerstrebend zum Stillstand.

»Nicht schlecht, Käpt'n«, grinste Roy, »wirklich nicht schlecht, deine erste Landung mit einer L-1011.« Mit dem

Ärmel wischte ich mir den Schweiß von der Stirn und ein »Hurra-ich-hab's-geschafft«-Gefühl durchströmte mich vom Kopf bis in die Zehen. Alles war gut gegangen, und ich fühlte mich einfach großartig.

Und doch war die ganze Übung nur eine Illusion gewesen. Wir hatten uns keine zwei Meter vor-, rück- oder aufwärts bewegt, nur genau so weit wie es die Stützen erlaubten.

Diese kleine Geschichte, so scheint mir, ist ein Spiegel für viele unserer sogenannten christlichen Erfahrungen. Wir spenden Millionen an Simulatoren, setzen uns hinein und singen hingebungsvoll Choräle, begleitet von einer elektronischen Orgel die zwanzig verschiedene Instrumente imitiert. Wir lauschen spannenden Berichten und fassen vielleicht sogar gute Vorsätze. Das Ganze hat nur einen Haken: In Wahrheit heben wir nie ab. Es ist nicht mehr als eine Show – viel Lärm um nichts.

Das Zuschauer-Christentum hat uns abgestumpft für das wahre, das aktive Christentum. Da rühme ich mir eine Gemeinde, die mit dem Slogan wirbt: »Für Menschen, die mehr wollen als nur einen Sonntagsglauben«.

Dr. Samuel Shoemaker fragte: »Was hat dir Jesus Christus seit heute Morgen um sieben Uhr bedeutet? Ist dein Christentum ein alter Hut oder News von heute?«

Gott lädt uns ein, mit den Flügeln eines Adlers zu fliegen. Warum wollen wir uns mit einem Simulator zufrieden geben, wenn wir doch unsere Flügel ausspannen und uns mit Gott in die Höhe schwingen können?

WER WEISS SCHON, WAS EINER IST ODER TUT

Einer meiner Freunde kennt einen Flugkapitän, der für eine amerikanische Gesellschaft Fracht nach Übersee fliegt. Zwischen seinen Flügen nach Europa und dem Mittleren Osten betreibt er eine kleine Tankstelle in der Nähe seines Wohnortes. Er liebt es, während er Stecker und Zündkerzen auswechselt und die Tanks füllt, mit seinen Kunden ein Schwätzchen zu machen.

Eines Samstagmorgens ging er in seinem verschmutzten Arbeitsanzug in die örtliche Eisenwarenhandlung, um einen Schraubenschlüssel zu kaufen.

»Was gibt's Neues?«, fragte der Ladeninhaber, als er den Betrag für seinen Einkauf eintippte.

»Ehm, ich glaube ich mach' die Kairo-Tour noch diesen Monat«, sagte der Käp'ten. »Nicht dass ich nicht gerne nach London und Frankfurt fliege, aber ich glaube, ich brauche eine Veränderung.«

Er bezahlte den Schraubenschlüssel, und verließ das Geschäft.

Einer der Kunden fragte neugierig: »Wer ist denn dieser Weltenbummler?«

Der Ladeninhaber rollte die Augen und erwiderte: »Das ist der Spinner, der hier in der Nähe eine Tankstelle betreibt. Er glaubt, er sei ein Pilot.«

Die beiden amüsierten sich köstlich über diesen Spaß.

Wie leicht man sich doch irren kann! Das geht mir oftmals durch den Kopf, wenn ich unsere Leute von JAARS beobachte, während sie daheim in den Staaten auf Urlaub sind. Wenn sie hier im JAARS-Zentrum in North Carolina ankommen, sehen sie aus wie ein ganz normaler Mann von der Straße – ein Lehrer, ein Bauer aus der Gegend, ein Versicherungskaufmann aus der nächsten Stadt – oder eben wie ein Tankwart. Wer würde vermuten, dass dieselben Leute noch vor ein paar Tagen ihr Leben riskiert hatten, indem sie ein winziges Flugzeug über den Dschungel des Amazonas pilotierten – über dem Wirrwarr der philippinischen Inselchen lebensrettenden Funkverkehr aufrecht erhalten – im Schatten der mächtigen Anden ein angeknackstes Flugzeug rekonstruiert hatten?

Man kann nie wissen, was einer ist oder tut.

Gestern ging ich Lebensmittel einkaufen und traf diesen ganz gewöhnlich aussehenden jungen Mann, der nicht aufhören konnte, mir von seinem Vater, dem König, zu erzählen ...

WAS AM MEISTEN ZÄHLT

Es war der 22. Januar, ein Dienstagmorgen, 10 Uhr 22. Das Wetter war schlecht, um nicht zu sagen miserabel. Ich befand mich über Sioux City, Iowa, in einem Wasserflugzeug vom Typ Cessna 182. In Iquitos, Peru, gestartet, war ich nun auf dem Weg nach Winnipeg in Kanada. Es schneite und die Temperatur war auf 30 Grad unter Null gesunken. Der Motor lief nicht, wie er sollte, und das Fahrwerk war eingefroren. Ein Rad war bereits herausgefahren, doch das zweite war steckengeblieben. Ich verlor zunehmend an Höhe und Geschwindigkeit, und trotz langjähriger Flugerfahrung wusste ich nicht mehr aus noch ein. Ich betete inständig dort oben in meinem Cockpit und wünschte mir sehnlichst, dass ich mit jemandem über meine verzweifelte Lage reden könnte. Ich brauchte dringend Gebetsunterstützung!

Als ich durch den Schneefall den Flughafen von Sioux City anflog, wurde mir klar, dass ich mit dem Wind, der mit 30 Knoten blies und von schräg-vorne kam, landen musste. Normalerweise sind das keine wünschenswerten Bedingungen, doch heute sah ich Gottes gnädige Vorsorge darin. Dieser Wind nämlich erlaubte mir, auf einem Rad zu landen und die andere Seite des Flugzeuges in der Luft zu balancieren, während ich dann langsam die Geschwindigkeit herabsetzte. Ich landete ohne einen einzigen Kratzer abzubekommen, und die Feuerwehrmänner in ihren Asbestanzügen brauchten keinen Finger zu rühren. Das Flugzeug wurde in den Hangar gezogen, durchgecheckt und aufgetankt, und am nächsten Tag flog ich weiter nach Kanada.

Die Woche darauf traf ich in Colmar, Pennsylvania, eine Frau Ziegler. Zu meiner Überraschung erzählte sie mir, dass ich einer der Missionare sei, für die sie regelmäßig bete.

»Stellen Sie sich vor«, sagte sie, »letzten Dienstagmorgen wollte ich an einer Gebetsversammlung teilnehmen, doch sie wurde wegen eines Schneesturms abgesagt. So blieb ich daheim und verbrachte eine halbe Stunde für Sie im Gebet.« Wir verglichen die Zeit von Sioux City mit derjenigen von Colmar: Um 10 Uhr 22 hatte diese treue Freundin vor dem Thron Gottes gekniet und war für mich eingestanden. Genau in jenen kritischen Minuten, als ich Fürbitte so dringend nötig gehabt hatte!

An einer Wand in meinem Büro hängt eine Weltkarte mit einer Liste unserer Männer, die mit JAARS in dreizehn Ländern arbeiten. Ich habe nun angefangen, täglich für einige dieser Leute zu beten. Jeden Tag suche ich mir ein bestimmtes Land aus, zum Beispiel Bolivien, und stelle mir für einige Minuten den betreffenden Mann mit seiner Familie vor. Ich versuche, mich in ihre Lage zu versetzen und bete dann, dass Gott ihnen geben möchte, was sie gerade am nötigsten brauchen.

Ich habe verschiedene Aufgaben bei JAARS: Planung, Arbeitseinteilung, Management, Reisen, Vorträge halten und was so dazugehört, wenn man ein vielbeschäftigter Direktor ist. Doch in letzter Zeit wird mir mehr und mehr klar, dass das, was Gott für uns tut, viel mehr zählt, als das, was wir für Ihn tun. Wer weiß, vielleicht sind die paar Minuten, die ich täglich vor meiner Karte im Gebet verbringe mein wichtigster Beitrag zur Sache Gottes.

Es war keine leere Behauptung, was ein Gottesmann einmal sagte: »Es werden mehr Dinge durchs Gebet vollbracht, als die Welt zu träumen wagt.«

VON ADLERN UND VON HÜHNERN

Unlängst ist bei uns folgende Redewendung in Mode gekommen: »Es ist schwer mit den Adlern zu fliegen, wenn man mit Hühnern zusammenarbeiten muss.«

Ich habe mich gefragt, was wohl passieren würde, wenn ein Adlerbaby aus Versehen in einen Hühnerstall versetzt würde. Ich denke, es würde aufwachsen und nichts anderes kennen als das gackernde Herumgetrippel der Hühner. Zwar würde es äußerlich nie wie ein Huhn aussehen, und doch würde ihm der ganze Hühnerhof einreden, dass es ein Huhn sei. Mit der Zeit würde es vielleicht sogar gackern lernen.

Doch tief in seinem Herzen würde der Vogel immer die Unrast eines Adlers verspüren. Und an dem Tage, an dem er einen Adler mit ausgespannten Flügeln im Aufwind über die Berge segeln sähe, würde seine wahre Natur durchbrechen. Er würde seine Flügel ausspannen und sich getrauen, was sich ein Huhn nie getrauen würde: Er würde sich in die Höhe schwingen und nie mehr in den Schmutz und die Enge des Hühnerhofes zurückkehren.

Wenn wir der Botschaft Gottes begegnen, haben wir zwei Möglichkeiten: Wir können entweder zu Gott hinauffliegen oder ihn auf unsere Ebene, den Hühnerhof, herunterziehen.

Unglücklicherweise versuchen wir oft das Letztere und rechtfertigen unsere Hühner-Handlungen, obwohl wir von Gott gerufen sind, den Hühnerhof zu verlassen, uns in die Lüfte zu erheben und zu fliegen.

Gelebter Glaube ist meine Reaktion auf einen Gott, den ich kenne. Wenn mein Wissen über Gott beschränkt ist, werden auch mein Glaube und meine Reaktion darauf beschränkt sein. Wenn ich Gott bloß als eine Person ansehe, werde ich mich mit dem Hühnerhof zufrieden geben, anstatt mit dem großen Gott fliegen zu lernen.

Was heißt das praktisch, wenn du auf dem Missionsfeld bist und Tag für Tag mit Wörtern in einer fremden Sprache kämpfst, in welche du das Wort Gottes übersetzen möchtest? Wenn du unter der Hitze leidest und dich Insekten und Hautausschläge plagen, und wenn das Geld für das Benzin im Motorrad nicht reicht? Wenn die Heimatgemeinde schreibt, dass sie dich finanziell nicht mehr unterstützen könne, und du bist doch abhängig von ihnen? Oder wenn dir der Arzt mitteilt, dass jemand, der dir nahesteht, todkrank ist?

Und was bedeutet es an der Heimfront? Wenn der Stapel mit den Rechnungen immer höher wird und der Arbeitsmarkt ausgedörrt ist? Wenn die Kinder ständig streiten, und du keine Zeit hast für deine Frau? Wenn sich daheim und im Büro Arbeitsberge auftürmen, und du schleppst dich nur noch von einem Tag zum andern, auf die Hilfe des Herrn hoffend?

Ich denke, es bedeutet, dass du dich immer wieder daran erinnern sollst, wer du in Jesus Christus bist. Und es bedeutet, dass du deine Brüder und Schwestern, die ihre schweren Adlerflügel immer noch über den Hühnerhof schleppen, daran erinnern sollst, wer sie sind.

Einer meiner Freunde sagt manchmal am Ende einer Unterhaltung: »Bleib am Ball, und schau von oben nach unten.«

Schau von oben nach unten? Ich hatte nie so ganz verstanden, was er damit meinte, bis ich kürzlich in der Bibel über den Vers stolperte, in welchem Paulus uns daran erinnert, dass wir einmal mit Christus im Himmel zusammensitzen werden.

Hühner schauen hinauf und sehnen sich nach Höherem.

Adler segeln mit ihrem Gott und schauen hinab auf die Erde, welche Gottes Schemel ist – und nicht des Teufels Königreich.

Vergiss nicht, wer du bist, ganz besonders dann nicht, wenn du im Moment noch im Hühnerhof herumtrippelst.

Vom großen Piloten geleitet

WER LIEBT SCHON WARTESCHLEIFEN?

Septemberhitze flirrte über dem Asphalt, als wir vom Flughafenterminal in Richmond, Virginia, wegrollten. An meiner Seite war Jamie Buckingham, den Schoß voller Navigationskarten. Bill Sasnett saß hinten und wischte sich mit dem Taschentuch den Schweiß vom Gesicht.

Wir befanden uns auf dem Weg nach New York City in unserer Helio Courier. Vor dem Verlassen des Terminals hatte ich bei der Flugsicherung einen Flugplan aufgegeben und um eine direkte Route gebeten. Im Dschungel fliege ich die kleine Helio problemlos, doch dies hier war dichtbesiedeltes Amerika, wo ich mit 120 Meilen Geschwindigkeit pro Stunde den Luftraum mit Jumbojets rund um New York teilen musste. Das wollte ich so schnell wie möglich hinter mich bringen!

Während wir am Ende der Rollbahn auf die Flugfreigabe warteten, gingen wir durch die Checkliste für die Startvorbereitungen. Magnetzünder, Propeller, Generator und die Instrumente – alles war in Ordnung. In der Kabine herrschte eine Temperatur wie in einem Heizofen, und wir warteten sehnlichst auf die Worte: »Cleared as filed – freigegeben gemäß Ihrem Flugplan.« Endlich knisterte es im Funkgerät. »Helio Courier 242 Bravo, sind Sie bereit Ihre Luftfreigabe zu notieren?«

Schon am Ton der Stimme aus dem Kontrollturm konnte ich es heraushören: Wir würden unsere gewünschte Route nicht bekommen! Gleich nach dem Start mussten wir auf 3000 Fuß steigen – und nicht auf 7000, wie ich gehofft hatte. Danach gab uns ein anderer Lotse verschiedene neue Kursangaben, die uns nach Osten, Richtung Chesapeake Bay führten, wo wir durch Turbulenzen auf 5000 Fuß steigen mussten, um dann im Zickzack drei verschiedene Luftstraßen zu überqueren, bevor wir nach Westen drehen mussten. All diese Umwege brachten uns schließlich auf die NYC-Luftstraße, welche nach Norden verläuft – und dort lag unser Ziel, New York.

So hatte ich mir den Flug nicht vorgestellt, doch war mir wohl bewusst, dass die Kollegen von der Luftkontrolle viele Faktoren in Betracht ziehen müssen. Wir waren ja nicht die Einzigen in der Luft; der New Yorker-Lotse teilte uns mit, er hätte ein Total von siebzig Flugzeugen auf seinem Radarschirm. Um das Maß voll zu machen, türmten sich gewaltige Gewitterwolken vor uns auf, die uns ohne weiteres die Flügel vom Flugzeug hätten reißen können.

Anstelle der direkten Route, die wir uns gewünscht hatten, wurde uns die zugewiesen, die für uns, und alle andern, die sich dort unterwegs befanden, am besten war.

Vielleicht siehst du im Moment keinen Sinn darin, durch Turbulenzen zu fliegen, Warterunden zu drehen, und nach Osten zu fliegen, wenn du doch nach Norden willst – doch wenn du dir bewusst wirst, dass derjenige, der dich leitet, deinen Weg sorgfältig geplant hat, dann wirst du seinen Anweisungen gerne gehorchen.

In Sprüche 14, 12 lesen wir: »Manchem scheint sein Weg recht; aber zuletzt bringt er ihn zum Tode.«

Gottes Wege laufen manchmal unseren Vorstellungen direkt zuwider. Doch Er kennt deinen Weg vom Anfang bis zum Ende. Seine Führung im Luftraum ist, auf lange Sicht gesehen, immer die Allerbeste. Selbst wenn du Warteschleifen ziehen musst!

DEN PILOTEN PILOTIEREN LASSEN

Die Räder der schwer beladenen Cessna 206 hatten gerade den nassen Dschungellandestreifen verlassen. Der Pilot hatte über den Anschlag hinaus Gas gegeben, denn aus Erfahrung wusste er, dass er nur so problemlos über die mächtigen Bäume am Ende des Landestreifens hinwegkam.

Das war dann wahrscheinlich der Augenblick, an dem den Passagier neben ihm Panik überkam. Er sah die Bäume, so gewaltig und in so geringer Entfernung, dass sie die ganze Windschutzscheibe ausfüllten; und er war überzeugt, dass ein Unglück geschehen würde. »Um Himmels willen, was ist denn mit diesem Piloten los«, wird er gedacht haben, »schläft er? Warum zieht er das Flugzeug nicht schneller in die Höhe?« Kurzentschlossen hatte er nach dem Steuerknüppel gegriffen und ihn kräftig an sich gezogen.

Er hatte es gutgemeint, und wollte nur helfen. Die Dschungelluft war heiß und es schien ihm, das vollbeladene Flugzeug steige nicht schnell genug, denn am Ende der Rollbahn lauerten die mächtigen Bäume. Doch seine »Hilfe« kostete sie beinahe das Leben.

Der Pilot hatte richtig gehandelt. Man braucht zuerst eine gewisse Geschwindigkeit, bevor man die Nase eines Flugzeuges gegen den Himmel richtet, sonst sackt man unweigerlich durch.

Die Maschine bäumte sich auf, verlor die dringend benötigte Geschwindigkeit – und stürzte dem Dschungel entgegen. Der Pilot würgte die Steuerung zurück und versuchte verzweifelt, die Nase herunterzubringen. Zu spät! Als das Flugzeug die Überziehgeschwindigkeit erreicht hatte, zog der schwere Motor die Nase abrupt nach unten, und sie trudelten dem Boden entgegen.

Durch Gottes Gnade wurde niemand getötet, doch alle erlitten Verletzungen, der Pilot die schlimmsten. Zum Glück befand sich gerade noch ein anderes Flugzeug dort auf dem Boden, dessen Pilot unsere Verletzten rettete. In zwei Flügen brachte er sie zu einem kleinen Dschungelspital, wo sich die Patienten mit der Zeit wieder erholten.

Viele Christen finden es schwierig, die Finger von der Steuerung zu lassen. Und immer wieder stürzen sie ab. Da ich selber in meinem geistlichen Leben oft so reagiere, kann ich diese verängstigten Passagiere gut verstehen. Sobald ich nämlich nicht mehr glaube, dass Gott die Kontrolle über mein Leben hat und sich um mich kümmert, gerate ich in Panik, versuche die Steuerung zu übernehmen und das Problem auf meine Art zu lösen. Es ist noch nie gutgegangen. Sogar unser Herr Jesus hat sich dem Flugplan seines Vaters unterzogen.

Nicht mein Wille, sondern Deiner geschehe!

Manchmal befinden wir uns in schwierigen oder gar gefährlichen Situationen, die uns Angst machen, doch gerade dann sollten wir willig sein, die Steuerung den Händen des erfahrenen Piloten zu überlassen.

Nur so fliegt man sicher.

EINE STIMME IM STURM

Die Stimme des Fluglotsen im Zentrum von Houston nahm einen beruhigenden Ton an.

»Verstanden«, sagte er. »Ein Motor ist ausgefallen. Wir haben Sie auf dem Radarschirm. Der Flughafen von Montgomery County liegt 45 Minuten südöstlich von Ihrer Position. Möchten Sie Kursangaben?«

Während der letzten halben Stunde hatte ich den klaren, sonnigen Himmel von Texas genossen, während unter mir Regen und Nebel den Boden zwischen Dallas und unserem Bestimmungsort Houston bedeckten. Dann plötzlich war es passiert! Einer der zwei Motoren unserer Cessna fing an zu stottern, um bald darauf den Geist ganz aufzugeben. Der stillstehende Propeller zu meiner Rechten sah ungewohnt und irgendwie unheilvoll aus. Wohl konnte ich mit einem Motor weiterfliegen, einer der Vorteile eines zweimotorigen Flugzeuges, doch machte es mich nicht gerade glücklich, auf einem mir unbekannten Flughafen – und dazu noch bei schlechtem Wetter – mit nur einem Motor zu landen.

Ich schielte zu meinen beiden Passagieren hinüber, die wie gebannt auf den regungslosen Propeller starrten.

»Wir fliegen zu einem andern Flughafen als vorgesehen und werden in Kürze dort landen«, verkündigte ich ihnen, in einem eher schwachen Versuch, ihre Ängste zu besänftigen. Doch wer sprach mir Mut zu in meiner Verzagtheit? Ich griff nach dem Mikrophon, und sofort erfüllte die ermutigende Stimme des Lotsen von Houston die Kabine.

»Okay, Houston«, antwortete ich, »ich höre Sie. Geben Sie mir bitte Kursangaben für den Flughafen von Montgomery.«

»Drehen Sie nach links auf 110 Grad und sinken Sie dann auf 4000 Fuß.«

Ich folgte seinen Anweisungen und versuchte gleichzeitig, das Flugzeug im Gleichgewicht zu halten. Auf 4000 Fuß sanken wir in die Wolken und flogen blind durch Regen und Nebel.

»Sinken sie auf 3000 Fuß und drehen Sie fünf Grad nach rechts«, befahl mir die ruhige, ausgeglichene Stimme weiter.

»Sinken Sie auf 2000 Fuß und drehen Sie fünf Grad nach rechts... Und nun drehen Sie 30 Grad und sinken auf 1500 Fuß.«

Als wir in die Regenwolken eintauchten, konnte ich kaum noch die Flügelspitzen sehen. Doch der Lotse wusste, wo ich mich befand, und das war das einzig momentan Wichtige. Ich hatte keine Ahnung, wie der Mann aussah und wie er hieß, doch ich wusste, dass ich ihm vertrauen konnte. Ich hatte keine andere Wahl – außer ich wollte mir meinen Weg selber suchen.

Auf einmal brachen wir aus den Wolken heraus und sahen vor uns eine Meile Asphalt, nass und glänzend vom Regen. Dass Asphalt so schön sein konnte!

Ich war willig gewesen, mein Leben einer gesichtslosen Stimme anzuvertrauen, die mir komplizierte Kursangaben machte, damit ich meinen Weg durch Wolken und Nebel finden würde. Während ich landete, musste ich an eine andere Stimme denken. Eine ruhige, geduldige Stimme, die mich leitet, wenn undurchdringlicher Nebel meine sorgfältig konstruierten Pläne durchkreuzt, – SEINE Stimme.

Ich fragte mich, ob ich dieser Stimme wirklich immer vertraue, so wie ich der Stimme von Houston vertraut hatte. Bin ich bereit, dieser Stimme zu gehorchen, wenn ich nicht weiter sehen kann als bis zu meiner Nasenspitze?

Eine gute Frage. Eine Frage, die wir uns jeden Morgen neu stellen sollten.

DIE KUNST, SICH AUF DAS GUTE ZU KONZENTRIEREN

Wir Menschen haben einen natürlichen Hang dazu, uns genau auf die Umstände zu konzentrieren, die wir zu vermeiden versuchen. Es ist etwas vom Schwierigsten, einem jungen Piloten beizubringen, dass er sich beim Landen auf kurzen und gefährlichen Landestreifen auf die freie Strecke konzentrieren muss, und nicht auf allfällige Hindernisse. Die Erfahrung lehrt, dass ein Pilot, der seinen Blick auf die Gefahr richtet, früher oder später genau im Zentrum derselben landet.

Wenn er seinen Blick nicht vom Graben neben der Rollbahn losreißen kann, wird er unausweichlich hineinfahren; und wenn er wie gebannt auf den Baumstrunk starrt, der sich gerade dort befindet, wo er sein Flugzeug ausrollen lassen muss, dann ist die Wahrscheinlichkeit groß, dass er ihn mit dem Propeller streifen wird. Der erfahrene Pilot behält die Gefahrenquelle wohl im Auge, jedoch nur an der Peripherie.

Piloten sind nicht die Einzigen, die sich mit diesem Problem herumschlagen. Wer sich ständig über Kleinigkeiten des Lebens aufregt, sich dauernd über seine Probleme auslässt, dabei immer das Schlimmste befürchtet, tausend Einwände gegen eine geplante Sache hat, kurz, in allem das Negative sieht, dem wird genau das zustoßen, was er befürchtet und zu vermeiden versucht. Die Bibel lehrt uns, dass ein Mann ist, was er denkt. Wenn der geplagte Hiob sagte: »Was ich am meisten fürchtete, ist nun über mich gekommen«, dann deutet das darauf hin, dass er erwartet hatte, dass ihn Schlimmes treffen würde.

Denken wir an Dämonen und böse Geister. Diese sind tatsächlich eine sehr reale Gefahrenquelle. Doch wenn wir zu ängstlich werden, kommen sie über uns wie ein Bienenschwarm. Der weise Mann konzentriert sich auf Jesus Christus.

Ebenso gefährlich sind jene lehrmäßigen Unterschiede, die sich am Ende des Flugstreifens auftürmen, dort, wo wir abheben möchten. Konzentrieren wir uns auf Spaltung – und wir werden uns in Kürze mitten in einer Spaltung wiederfinden; konzentrieren wir uns jedoch auf Gemeinsamkeiten, – dann werden die meisten Hindernisse aus dem Wege geräumt.

Während meines ersten Einsatzes als JAARS-Pilot in Peru hatte ich drei Geschäftsleute in eine Bergstadt hoch in den Anden zu fliegen. Diese Drei waren schon mit einigen unserer älteren, erfahrenen Piloten geflogen. Sie zeigten keine große Begeisterung, sich einem zweiundzwanzigjährigen Piloten anzuvertrauen, der eifrig seinen Kurs auf einer alten, zerknitterten Karte suchte.

Während ich ihr Gepäck einlud, standen sie etwas abseits und ich hörte sie nervös diskutieren. Dann fragte mich einer: »Kapitän, seit wann fliegen Sie in Peru?«

»Seit etwa einem Jahr«, antwortete ich.

Das schien sie nun nicht gerade zu beruhigen.

»Kapitän«, fragten sie weiter, »sind Sie sicher, dass Sie wissen, wo sich die vielen Bergkämme und Gipfel zwischen hier und Ting Maria befinden?«

»Nein«, erwiderte ich, »aber ich weiß, wo sie sich nicht befinden, und diese Route werden wir nehmen.«

Sie schauten einander an, lächelten und kletterten erleichtert an Bord.

Gefahren lauern überall, doch Jesus ist uns vorausgegangen und hat unsern Weg bereitet. Vielleicht klingt es etwas übertrieben vereinfacht, aber ich behaupte, dass wir uns einfach auf Ihn konzentrieren müssen, und auf einmal sind wir in der Luft und auf dem richtigen Kurs.

Seiner Steuerung vertrauend

DAS RICHTIGE *ÜBEN* – ODER DAS *RICHTIGE* ÜBEN

Schon als Kind hatte ich eine Abneigung gegen die schwarzen Tasten auf meinem Klavier. Diese Abneigung war so ausgeprägt, dass ich deswegen sogar aufhörte, Klavierstunden zu nehmen und beschloss, in Zukunft auf meine eigene, besondere Art zu spielen. So spielte ich jahrelang nur auf meinen bevorzugten Tasten – den weißen. Doch vor ein paar Jahren entschloss ich mich, noch einmal Unterricht zu nehmen. Nach sechs Monaten gab mein Lehrer auf. Ich hatte nicht die geringsten Fortschritte gemacht. Meine »besondere« Technik hatte sich mir so tief eingeprägt, dass ich mich nicht mehr umstellen konnte. Das »Syndrom der schwarzen Tasten« verfolgt mich heute noch.

Das erinnert mich an etwas, was mein Kollege Merrill Piper in seinen Seminaren über Flugsicherung zu sagen pflegt: »Durch stetige Übung gewöhnt man sich etwas an, sei es gut oder schlecht. Und was man sich einmal so fest eingeprägt hat, kann man sich beinahe nicht mehr abgewöhnen.«

Dieses Prinzip hat uns schon oft Kummer und Sorgen in unserem Dienst gemacht. Erst kürzlich übte einer unserer Piloten eine Notlandung mit Stromausfall. Obwohl wir unsere Piloten lehren, dies mit dem Triebwerk im Leerlauf zu tun, hatte dieser bestimmte Pilot das Triebwerk einfach abgestellt. Als dann das schwere Flugzeug viel schneller als erwartet sank, versuchte er zu retten, was zu retten war, und setzte das Triebwerk schnell wieder in Betrieb. Doch das war eine schlechte Idee. Das Flugzeug stürzte ab, der Pilot wurde verletzt und die Maschine beschädigt.

»Woher hatte er bloß die Idee, das Triebwerk einfach abzuwürgen?«, fragte ich Merrill, als wir den Unfallrapport durchsahen. »Er hätte es doch besser wissen sollen. Warum nur hat er das getan?«

»Unglücklicherweise«, erklärte mir Merrill, »hatten ihn seine Ausbilder im Grundausbildungskurs gelehrt, Notlandungen auf diese Weise zu üben. Auch als er den Lehrgang für Fortgeschrittene besuchte, war dies noch Standardprozedur. Erst einige Zeit später merkte man, wie gefährlich diese Methode war.«

Doch diese Einsicht kam erst, nachdem unser Mann sein Diplom gemacht hatte. Als er dann in eine unserer schwereren Maschinen stieg, schaltete er nach alter Gewohnheit – und aus war das Triebwerk. Seine antrainierten Gewohnheiten hätten ihm beinahe das Leben gekostet.

Ich bin immer wieder erstaunt, wie schwer es doch ist, einmal gefasste Ansichten zu ändern, alte Gewohnheiten, die wir uns früh angewöhnt haben, abzulegen. Ich habe Freunde, denen in ihrer Jugendzeit beigebracht wurde, dass die Bergpredigt nur für die Juden sei oder dass es nach dem ersten Jahrhundert keine Wunder mehr gegeben hätte ...

Ich frage mich manchmal, wieviele meiner Klassenkameraden abgestürzt sind, weil sie keine Wunder mehr erwarteten, oder weil sie sich nicht an der zeitlosen und erprobten Botschaft der Bergpredigt festgehalten hatten.

Ein altes Vorurteil kommt hoch – und aus ist das Triebwerk. Noch nie haben Gottes unerschütterliche Verheißungen unter meinen zitternden Füßen und suchenden Händen nachgegeben.

Das Festhalten an Gottes ewig gültigen Verheißungen – das ist eine Übung, die den Meister macht.

AUF DAS VERSPRECHEN EINES FREUNDES

Er sagte es so ganz beiläufig.

»Bernie, was würdest du zu einer Reise um die Welt sagen? Nur du und ich zusammen?« So fragte mein Geschäftsfreund Bill Johnson, als wir in Quito, Ecuador, auf einem Spaziergang waren. Es war heiß, und die Straßen voller hin- und hereilender Leute.

»Das ist doch nicht dein Ernst, oder?«, fragte ich verwundert. Ich war zwar daran gewöhnt, über den südamerikanischen Dschungel zu fliegen, doch eine Reise rund um die Welt? Das war etwas, wovon ich nur träumen konnte.

»Natürlich ist es mir ernst. Ich liebe das Reisen und wollte schon immer mal rund um die Welt. Komm doch mit.«

Es war alles ein bisschen überwältigend. Rund um die Welt! Missionare sind gewöhnlich keine reichen Leute, und ich war mir bewusst, dass solch eine Reise einige tausend Dollar kosten würde. Dazu vermutete ich, dass Bill einen etwas exquisiteren und teureren Geschmack hatte als ich.

Aufgeregt diskutierten und besprachen wir erst mal die Details. Zuerst würden wir Japan besuchen, Hongkong, Taiwan, dann unsere Übersetzer und das Unterstützungspersonal auf den Philippinen, danach ginge es hinunter nach Neu Guinea und Australien, nach Indonesien, und hinüber nach Singapur. Wir würden Südostasien und Indien sehen und dann zuletzt in Teheran, Beirut und Rom Halt machen. Sechs Wochen würde das Ganze dauern – und ein kleines Vermögen kosten!

Zögernd unterbrach ich unser Pläneschmieden und meinte vorsichtig: »Ehm, Bill, das tönt alles großartig, doch weißt du ...«

Bill wusste schon, was ich sagen wollte. Er klopfte mir auf die Schultern und meinte: »Nun sorg dich mal nicht um die Kosten. Die übernehme ich, und wir fliegen erster Klasse auf dem ganzen Wege.«

Wir hatten noch nicht mal die Flugbillette gekauft, da war ich bereits so aufgeregt, dass ich kaum sprechen konnte. Wäre es doch schon Abend, damit ich meiner Frau von unseren Plänen erzählen könnte! In jener Nacht wurde es spät. Stundenlang stellten wir uns zusammen all die exotischen und geheimnisvollen Orte vor, die ich besuchen und erforschen würde.

Als ich dann endlich zu Bett ging, überkam mich ein eigenartiges Schuldgefühl. Aus der Tiefe meines Herzens, von dorther, wo Gott manchmal zu mir spricht, hörte ich eine leise Stimme.

»Du bist ganz schön aufgeregt, nicht wahr, mein Sohn?«

»Ja, das bin ich.«

Dann, nach einer Pause: »Weißt du auch, warum du so aufgeregt bist, Bernie? Weil dir ein Freund etwas versprochen hat. Es dauert noch viele Wochen bis du auf diese Reise gehst, doch du vertraust ihm, weil du ihn kennst und weißt, dass er ein Mensch ist, der sein Versprechen hält.«

Dann wieder eine Pause, eine lange diesmal, und dann erneut die Stimme: »Wann warst du das letztemal so freudig erregt über eines Meiner Versprechen? Traust du mir weniger zu als deinem Freund Bill?«

Ich schlief nicht gut in jener Nacht, doch habe ich meine Lektion gelernt. Bill machte sein Versprechen wahr, und wir gingen zusammen auf diese denkwürdige Reise. Und ich habe wieder neu gelernt, dass Gottes Versprechungen nie leere Worte sind, und dass ich meinem himmlischen Vater noch mehr vertrauen kann als meinen Freunden, weil Er mich nie enttäuschen wird.

Wenn das kein Grund zur Freude ist!

ÜBERSTEUERN

In Gedanken höre ich noch heute, nach gut zwanzig Jahren, die Stimme meines Fluglehrers, der mir durch den Motorenlärm der Super Cub zurief: »Du übersteuerst sie, Bernie.«

Und Recht hatte er. Als Anfänger meinte ich, ich müsste die Füße auf die Steuerpedale pressen und den Steuerknüppel krampfhaft umklammern, damit das Flugzeug nicht wie ein Stein zu Boden gehe. Ich werde heute noch rot, wenn ich daran denke, wie ich mit zusammengekniffenen Lippen und rebellierendem Magen in den Lüften herumflog.

»Entspann dich«, grinste der Fluglehrer, »halt die Steuerung locker in der Hand, und das Flugzeug fliegt von selbst.«

Das war vor zwanzig Jahren ein guter Rat gewesen, und ist es auch heute noch. Während der gereifte Christ einen gewissen entspannten Ausdruck im Gesicht hat, entwickelt der junge Gläubige Magengeschwüre vom Übersteuern.

Auch Missionare haben herausgefunden, dass es möglich ist, Gott zu dienen, ohne Seine Kraft täglich in Anspruch zu nehmen. Doch die Anstrengung bringt uns fast um! Lassen wir aber unser Leben durch den Heiligen Geist kontrollieren, die Quelle aller Kraft, dann übersteuern wir nicht mehr länger. Weiße Knöchel um den Steuerknüppel lockern sich, und was vorher eine Plackerei war, wird ein Vergnügen.

Wir in JAARS hatten schon immer einen gewissen Stolz auf unseren Professionalismus. Unser Motto war: »Wir geben unser Bestes, und der Herr tut den Rest.« Wir meinten, die meisten Notfälle könnten wir selber handhaben, und falls einmal doch nicht, könnten wir immer noch um Gottes Hilfe und Beistand bitten.

Unterdessen haben die meisten eingesehen, dass unser Bestes eben nicht genug ist. Wir pflegten auch zu sagen: »Gott ist unser Copilot.« Heute lassen wir Ihn im Pilotensitz fliegen, und wir sind die Copiloten. Der Unterschied liegt darin, dass wir nun Gottes Anweisungen folgen, und nicht umgekehrt.

Wir erhalten unsere Kraft durch Seinen Geist und nicht durch eigene Bestrebungen. Der geisterfüllte Mann fliegt nicht nur einen geraden Kurs und hält die Balance, sondern er ist auch noch entspannt und locker, wenn er an seinem Ziel ankommt.

ÜBER BORD!

Kürzlich erhielten wir einen Brief von einer Frau, die in unsere Adressliste aufgenommen werden wollte. Sie hatte von einer neuen Publikation gehört, war sich jedoch nicht sicher, wie das Magazin hieß. Sie meinte, es sei sowas Ähnliches wie »Über Bord«.

Auch nicht schlecht. Das Magazin war zwar »Darüber hinaus« getauft worden, doch Gott will manchmal tatsächlich, dass Seine Nachfolger über Bord gehen.

Eines Abends rief mich ein Freund aus Kalifornien an. Er teilte mir mit, er habe von einer Helio Courier erfahren, die für 27 500 Dollar zum Verkauf angeboten würde, ihr tatsächlicher Wert sei jedoch 50 000 Dollar. Doch wir müssten uns sofort entschließen, ob wir das Angebot annehmen wollten, oder nicht.

Damals befürchtete meine Frau Nancy, dass ich übergeschnappt sei. Zwar existierte ein Konto »Neue Flugzeuge« in unserem Budget, doch es war mit 15 Dollar und 83 Cents überzogen. Ich bestellte das Flugzeug trotzdem. Kein Zweifel, dies war eine der »Über-Bord-Handlungen«. Ähnlich wie Petrus' Entschluss, über Bord des Fischerbootes zu treten, seine Füße fest auf eine Welle zu stellen, und mit großen Schritten seinem Herrn entgegenzugehen. Heute ist dieses Flugzeug abbezahlt, und tut treu seinen Dienst auf dem Missionsfeld.

Auch unser Plan, sieben Helikopter innerhalb von drei Jahren in Dienst zu nehmen, ging ganz in Richtung »Über-Bord«. Wir hatten weder genügend Ausrüstung noch Personal, Geld oder technisches Wissen, um ein solches Projekt zu verwirklichen. Trotzdem entschieden wir uns dafür, und durften dabei eine ganze Serie von Wundern erleben.

In Pennsylvania, in einem Lagerhaus mit überschüssigen Gütern des Militärs, entdeckte unser Mann Jim Baptista sechzehn metallene Container, die die Armee für den Transport von neuen Motoren gebrauchte. Da wir mit unseren alten, hölzernen Kisten Probleme gehabt hatten, fragte Jim, ob wir diese metallenen haben könnten. »Aber natürlich«, sagte der zuständige Mann, »ihr könnt alle sechzehn haben.« Als Jim die Container näher untersuchte, entdeckte er in jedem einen Ersatzmotor. Sechzehn Ersatzmotoren, genau die gleichen, die in unseren Hiller-Helikoptern eingebaut waren. Gott hatte uns mit sechzehn Ersatzmotoren versorgt! Einfach so.

Jim hatte nicht nur bekommen, worum er gebeten hatte, nein, noch viel mehr als er je zu träumen gewagt hätte. Das erinnert mich an den Apostel Paulus, der seinen Gott so beschrieb: »Dem aber, der überschwenglich tun kann über alles hinaus, was wir bitten oder verstehen, nach der Kraft, die in uns wirkt« (Epheser 3,20).

Das nenn' ich »über Bord«.

MIT GOTT IN DER SCHWARZEN NACHT

Es gibt Momente in meinem Leben, da hat Gott meine ungeteilte Aufmerksamkeit. So zum Beispiel, wenn der Motor ausfällt, während ich auf 800 Fuß über einer belebten Stadt fliege, wenn der Treibstoff ausgegangen ist, wenn ich an Rollbahn und Erfahrung zur selben Zeit auslaufe, oder wenn sich auf den Flügeln Eis ansetzt mit einer Geschwindigkeit, dass man mit bloßem Auge zusehen kann, wie es dicker und dicker wird.

Kürzlich startete ich mit einer einmotorigen Bellanca vom Flughafen in Charlotte. Es war eine regnerische und neblige Nacht, eine Wolkendecke lag auf 300 Fuß und ich konnte kaum eine Meile weit sehen. Während ich auf Piste fünf rollte, wies mich die Flugsicherung an, auf 3000 Fuß zu steigen und auf einen Kurs von 180 Grad zu gehen. Während ich auf die mir vorgeschriebene Höhe kletterte und nach Süden drehte, verblassten plötzlich die Lichter am Instrumentenbrett. Ich schielte auf den Amperemeter. Dieser zeigte 45 Ampere Entladung an. Das Variometer war ausgefallen, und die gesamte Stromzufuhr war unterbrochen. Kurz bevor das Funkgerät total verstummte, hörte ich den Lotsen sagen: »Seven Four Romeo, ich habe Sie eben auf meinem Radar verloren.«

Schnell schaltete ich alles aus, was Elektrizität brauchte. Was immer an Energie in der Batterie übrig geblieben war, brauchte ich, um das Landefahrwerk herauszufahren – vorausgesetzt, dass ich in dieser Nebelsuppe jemals den Flughafen finden würde.

Ich war alleine in der Dunkelheit, hatte keine Funkverbindung und empfing keine Navigationssignale, sah keine Lichter und hatte allen Kontakt mit dem Boden verloren. In Regen und Wolken irrte ich über einem belebten Flughafen herum.

Meine drei Passagiere, liebe Freunde, Väter im Glauben und liebevolle Kollegen – konnten mir nicht helfen. Es war nicht Furcht, was ich spürte. Kein Kind Gottes braucht sich zu fürchten, mag die Situation auch noch so verfahren sein. Nein, was ich empfand, war Einsamkeit. Ich war alleine. Abgeschnitten von allen Quellen, auf die ich mich normalerweise verlassen konnte. Es gab nur mich, Gott, und die schwarze Nacht.

Einer meiner Freunde meint jeweils, Gott schicke uns solche Zeiten der Einsamkeit, um uns zu zeigen, wie es wirklich um uns stehe. Wenn alles versagt, jede Unterstützung ausfällt und die Masken fallen – dann finden wir heraus, wer wir in Wahrheit sind. Doch zur gleichen Zeit haben wir auch Gelegenheit herauszufinden, wer Gott ist, und wie Er handelt.

Mit der verbliebenen Energie in der Batterie konnte ich es wagen, eines der Funkgeräte zu betreiben. Ich stellte Kontakt mit dem Kontrollturm her, der mich zurück nach Charlotte sandte. Um Energie zu sparen, ließ ich danach das Funkgerät die meiste Zeit abgestellt und machte auch die Lichter nicht an. Durch diese Sparmaßnahmen gelang es mir, das Landefahrwerk herauszufahren, und ich hatte sogar noch genügend Energie, um das ILS-Navigationssystem zu gebrauchen.

Auf 300 Fuß brachen wir durch die Wolken, und da lag sie ausgestreckt vor unseren Augen: Eine wunderschöne Piste.

Zurück auf sicherem Grund und Boden rollte ich in den Hangar und stellte den Motor ab. Es war nicht einmal mehr genügend Strom in der Batterie übriggeblieben, um den Motor noch einmal anzulassen. Der Kurzschluss im Alternator hatte praktisch alle Energie verbraucht, es hatte gerade noch zum Landen gereicht.

Wir lobten Gott, und später spaßten wir sogar über unser Erlebnis, doch die Erinnerung an die Einsamkeit, die ich in mir gefühlt hatte, verlässt mich nicht. Wer weiß, vielleicht sind wir dazu gemacht, einsam zu sein. Schon Augustinus hat gesagt, dass unsere Seele ruhelos sei, bis sie Ruhe in Ihm fände.

Ich frage mich, ob Augustinus diesen Ausspruch gemacht hatte, nachdem er mit einem ausgefallenen Alternator durch eine regnerische Nacht geflogen war ...

GEGEN DEN WIND

Ein steifer Herbstwind rötete meine Wangen und wirbelte dürre Herbstblätter herum, als wir über ein frisch gepflügtes Feld zu dem kleinen Flughafen marschierten. Ich hatte damals noch nie ein Flugzeug aus der Nähe gesehen; deshalb hatte mein Vater versprochen, am nächsten Samstag mit mir zusammen zum Flughafen zu gehen, um das große, zweimotorige Flugzeug zu bestaunen, das dort jeden Nachmittag landete. Ich kann mich nicht mehr erinnern, wie alt ich damals war – vermutlich acht oder neun Jahre alt –, doch ich werde nie vergessen, wie aufgeregt ich an jenem Tage war. Und ich glaube, meinem Vater ging es genauso!

Die DC-3 war vor dem Flughafengebäude geparkt. Hinter einer Abschrankung stehend schauten wir zu, wie ein halbes Dutzend Passagiere an Bord kletterte, wie sie sich gegen den Wind stemmten und dabei ihre Hüte schützend festhielten.

Mein Vater und ich fragten uns, ob das Flugzeug in diesen starken Böen wohl starten könne oder nicht. Vater meinte, dass das Flugzeug bis zum Ende des Flugfeldes rollen würde, um dann mit dem Wind im Rücken abzuheben. Der Wind wäre ohne Zweifel eine große Hilfe beim Abheben, er würde mithelfen, dass sich das riesige Flugzeug mühelos in die Luft erheben könnte.

Doch zu unserer großen Überraschung rumpelte es in die entgegengesetzte Richtung und flog direkt gegen den Wind. Wir reckten unsere Hälse, als es über uns hinwegflog und sich in die Kurve legte. Unglaublich! Noch tagelang sprachen wir davon, wir konnten es einfach nicht fassen. Was hatte den Piloten wohl dazu bewogen, gegen den Wind zu fliegen, und nicht mit ihm im Rücken?

Der Gedanke, jemals in einem Flugzeug zu sitzen oder sogar selbst eines zu fliegen, war einer jener Träume, die man ohne Hoffnung auf Erfüllung träumt. Doch durch Gottes Fügung konnte ich diesen Traum verwirklichen, und ich wurde Pilot auf der grandiosen alten Flugmaschine, der DC-3. Es ging nicht lange, bis ich ihre Windempfindlichkeit kennenlernte, und zwar nicht nur beim Starten und beim Landen, sondern sogar beim Rollen auf dem Boden.

Eines Nachts, als ich bei heftigem Wind im Flughafen von Miami gelandet war, brauchte ich fünfundvierzig Minuten, um von der Landebahn bis zum Terminal zu rollen. Drehte ich die Maschine seitwärts, so drohte sie mit den Flügeln hochzukippen, und windabwärts hatte ich überhaupt keine Kontrolle über sie. DC-3-Piloten haben gelernt, durch mehr oder weniger bittere Erfahrungen, dass das Flugzeug nur kontrollierbar ist, wenn man es gegen den Wind fliegt.

Ich habe erlebt, dass das Gleiche auch für unsern Wandel mit Gott gilt. Menschen, die mit dem Wind gehen, haben keine Kontrolle über ihr Leben und landen oft im Graben. Abbiegen oder umkehren kann fatale Folgen haben. Direkt in den Wind hineinfliegen, das ist die einzig richtige Methode. Vielleicht kommen Sie nicht so schnell vorwarts – dafur werden Sie auch nicht umgestoßen oder von der Rollbahn geschoben, und ihre Flügel sind heil und ganz, wenn sie an ihrem Ziel ankommen.

Wenn wir unsere gewünschte Flughöhe erreichen wollen, dann müssen wir gegen den Wind fliegen.

Die Art von Gottes Kindern

HELFER ODER DIENER?

Es war auf einem transkontinentalen Linienflug. In der gemütlichen und luxuriösen Erstklasskabine verteilte eine Hostess Kissen. »Möchten Sie ein Kissen?«, fragte sie eine distinguierte Dame. Keine Reaktion. Die Dame blickte starr geradeaus und übersah die Hostess geflissentlich.

Diese machte einen zweiten Versuch, diesmal etwas lauter: »Möchten Sie ein Kissen, Ma'am?«

Wieder keine Antwort.

Dann, nach einer längeren, etwas ungemütlichen Pause, lehnte sich der Ehemann der Dame zur Hostess herüber, und sagte: »Verzeihen Sie bitte, Miss, aber meine Frau spricht niemals direkt zu Bediensteten.«

Autsch, das saß!

Wer würde nicht verstehen, dass die Hostess ein wenig pikiert war; die meisten Frauen und Männer in diesem Beruf sehen sich nicht unbedingt in der Rolle eines Dieners. Doch in Wahrheit ist es genau das, was sie sind und was sie tun: Sie sind dazu da, um den Passagieren zu dienen.

Unglücklicherweise ist das Wort dienen auch unter Christen nicht besonders beliebt.

Wir scheuern uns bereits wund, wenn wir mit jemandem die erste Meile gehen müssen – und dann noch viel mehr bei der zweiten. Und der Gedanke, dass wir jemandem die Füße waschen müssten, lässt uns schaudern.

Sogar unter uns Missionaren findet der Begriff ›Diener‹ eine eher kühle Aufnahme. Der Ausdruck ›Helfer‹, oder ›freiwilliger Helfer‹, scheint schon besser zu den Vorstellungen zu passen, die wir von uns selbst haben. Aber es sind nicht Helfer, die Gott sucht. Helfen heißt, dass wir bestimmen, was, wann und wo wir arbeiten wollen. Ich kenne Kollegen, die voller Begeisterung aufs Missionsfeld gegangen sind um gute Werke für den Herrn zu tun. Die Glücklicheren kommen zerbrochen zurück und haben gelernt, dass Gott keine Helfer braucht, sondern ganz einfach Frauen und Männer, die sich zum Dienst melden. Er sucht Diener.

Wenn Gottes Wort in jede Sprache der Welt übersetzt werden soll, so kann dies nur durch dienende Menschen geschehen: Dienende Übersetzer und Radiotechniker, dienende Schreiner, Piloten und Sekretärinnen. Durch Diener, die beten, und Diener, die mit den Finanzen helfen; durch christliche Diener in der ganzen Welt.

Fürs Dienen gibt es eine Belohnung: Unser Meister spricht direkt zu uns und nennt uns Seine Freunde.

TIEFDRUCK ÜBER DEN BERGEN

Ich war auf einem Flug von New York nach Washington mit einer zweimotorigen Beechcraft, als ich im Flugfunk hörte, wie sich ein Pilot über Lancaster meldete. Wir waren auf der gleichen, nördlichen Route, er auf 6000 Fuß und ich auf 7000. Mit zitternder Stimme bat er das Zentrum in New York um Erlaubnis, im Flughafen Lancaster landen zu dürfen.

»Ich kann meine Höhe nicht mehr halten«, sagte er. Vom Tower kam die Erlaubnis zum Landen und die Frage, was denn los sei.

»Ich weiß es nicht«, antwortete der Pilot. »Die Instrumente zeigen volle Drehzahl und Druck an, doch das Flugzeug sinkt stetig. Ich kann es nicht in der Luft halten. Wahrscheinlich habe ich Motorschaden.« Dann stellte er eine andere Frequenz ein, und ich hörte nichts mehr von ihm.

Zwanzig Minuten später, als ich gegen Lancaster flog, begann auch mein Flugzeug zu sinken. Die Fluggeschwindigkeit sank von 160 auf 100 Knoten. Ich erhöhte die Leistung auf Steigflugwerte, doch das Resultat war gleich Null. Die Instrumente zeigten nichts Außergewöhnliches an, und doch musste ich kämpfen, um das Flugzeug in der Luft zu halten. Plötzlich erinnerte ich mich an den Piloten, den ich über Funk gehört hatte. Hatte dieser nicht die gleichen Probleme gemeldet? Eigenartig!

Während ich versuchte, der Situation Herr zu werden, erinnerte ich mich, dass ich einmal gelesen hatte, dass in bestimmten Wetterverhältnissen in den Bergen ein Tiefdruckgebiet entstehen kann. Den Einfluss von Abwinden hatte ich in den Anden von Südamerika erlebt. Doch das hier war etwas völlig anderes. Die Winde kamen mit 40 Knoten von Westen. Ich befand mich östlich von den Allengheny Mountains, und die Winde, die über diese Bergkette bliesen, verursachten nicht nur vereinzelte böige Abwinde, sondern ein ganzes, riesiges Tiefdruckgebiet. Es war, als ob ich durch einen Wasserfall fliegen würde.

Nachdem mir all dies aufgegangen war, beschloss ich, ganz einfach durchzuhalten. Während den nächsten fünfunddreißig Meilen kämpfte ich gegen den dauernden Druck nach unten. Trotz erhöhter Leistung war ich kaum imstande, das Flugzeug in der Luft zu halten, doch früher oder später, so sagte ich mir, musste ich einfach hier herauskommen.

Und so war es. Doch dann – kurz vor Westminster – befand ich mich plötzlich in der umgekehrten Situation: Im Aufwind. Ein ungeheurer, unwiderstehlicher Auftrieb packte mein Flugzeug, und obwohl ich die Leistung reduzierte, erhöhte sich die Geschwindigkeit auf 200 Knoten. Kaum konnte ich die Beechcraft ausbalancieren, ständig wurde sie hochgedrückt. Ich musste an den Kollegen denken, der in Lancaster gelandet war, und nun wohl nervös seine Motoren prüfte. Hätte er nur ein wenig länger durchgehalten, so wäre er aus dem Einflussbereich des Tiefdruckgebietes herausgekommen.

Klingt da etwas an bei Ihnen? Falls Sie ähnlich veranlagt sind wie ich, sehen Sie sicher eine Ähnlichkeit zwischen dieser Geschichte und Ihrem täglichen Leben. Ich jedenfalls finde es oftmals schwierig, einen geraden Kurs einzuhalten, wenn ich von unvorhergesehenen Auf- und Abwinden geschüttelt werde. Paulus muss gewusst haben, was es heißt, durch Tiefdruckgebiete zu fliegen, denn er schrieb den Galatern: »Lasst uns aber Gutes tun und nicht müde werden; denn zu seiner Zeit werden wir auch ernten, wenn wir nicht nachlassen« (Galater 6,9).

DER ALTE PRAHLHANS MIT DEM HALSTUCH UND DER SCHUTZBRILLE

Demut ist im Allgemeinen nicht gerade das hervorstechendste Merkmal eines Piloten – und christliche Piloten machen da keine Ausnahme. Es ist einfach etwas Besonderes daran, wenn man hinter dem Instrumentenbrett eines Flugzeuges sitzt, etwas, das einen Mann – na ja – stolz macht. Erinnern Sie sich an frühere Karikaturen von Piloten, die mit stolzgeschwellter Brust, in Lederjacke, Schutzbrille und Halstuch posierten? Ob wir es zugeben oder nicht, dieses Bild passt auch heute noch zu der Vorstellung, die wir von uns selber haben.

Geistlicher Stolz, die Art, »die vor dem Falle kommt«, überfällt manchmal unsere Besten; doch sobald wir uns selber unter die Besten zählen, sind wir bereits in Gefahr, zu fallen.

Ich erinnere mich noch gut an einen unserer Piloten in Peru, der nach einem langen, harten Flug über den Dschungel ein wenig im Hangar umherschlenderte. Mit einem selbstgefälligen Lächeln stellte er seine schwere Tasche auf den Boden und meinte: »In vier Tagen bin ich weiter gereist als der Apostel Paulus auf all seinen Missionsreisen zusammen.«

Ohne von seiner Arbeit aufzusehen, entgegnete ihm ein

altgedienter Missionar: »Das kann schon sein, aber hast du auch so viel erreicht wie Paulus damals?«

Hier ein Vorschlag für ein wirksames Gegengift im Falle einer schweren Vergiftung durch Stolz: Begeben Sie sich in eine Situation, in der Sie ohne Gottes Hilfe verloren sind! In einer solchen Lage befand ich mich damals, als ich plante, unsere neue Cessna 402 über den Ozean nach Papua Neuguinea zu fliegen.

Ken Wiggers, ein erfahrener Pilot, sollte als Copilot mit mir kommen. Doch nicht einmal diese erleichternde Tatsache half mir, das mulmige Gefühl zu überwinden, das mich jedes Mal überkam, wenn ich auf die Karte schaute, auf die 8000 Meilen offene See, die wir überfliegen mussten. Ich kaufte mir gleich zwei neue Bücher übers Gebet. Wenn man sich für einen Flug von Oakland nach Honolulu einträgt, dann gibt man als alternatives Ziel die Ewigkeit an...

Bis zum Zeitpunkt, als ich gestartet war und die Räder eingezogen hatte, hatte ich soviel gebetet, wie noch nie zuvor in meinem Leben, und mit meiner täglichen Bibellese war ich drei Wochen voraus. Diesmal wollte ich wirklich alle Ehre Gott geben, und nur IHM alleine.

Kurz bevor wir abflogen, erhielt ich ein Telegramm von einem Freund, einem pensionierten Geschäftsführer vom Northrup Institute of Technology, meiner Alma Mater.

WENN DU AM SAMSTAG DIE KÜSTE VERLÄSST UND NACH WESTEN FLIEGST KOMMA HAT VON DEN VIERUNDFÜNFZIGTAUSEND ENGELN IN MATTHÄUS SECHSUNDZWANZIG DREIUNDFÜNFZIG KOMMA JEDER MIT DER KRAFT UND BEFUGNIS AUSGERÜSTET KOMMA DIE WIR IN ZWEITEN KÖNIGE NEUNZEHN

FÜNFUNDDREISSIG SEHEN KOMMA MINDESTENS EINER DEN BEFEHL KOMMA ALS RECHTER FLÜGELMANN MIT DIR ZU FLIEGEN KOMMA UND HAT DIE AUTORITÄT KOMMA EINE GANZE FORMATION ODER SOGAR EINE GANZE SCHWADRON KOMMA DAS SIND ZWEIUNDSIEBZIGTAUSEND ENGEL KOMMA ANZUFORDERN KOMMA JE NACHDEM WELCHE MANÖVER DER FEIND UNTERNEHMEN WIRD PUNKT ALSO BEOBACHTE GANZ EINFACH DEIN FERNNAVIGATIONSSYSTEM UND FREU DICH PUNKT LOBE DEN HERRN PUNKT

Und Gott hat wirklich Wunder getan auf jenem Flug. Die Motoren liefen fehlerlos. Sogar mit der Extratonne Brennstoff, die wir geladen hatten, schwebte die Cessna über den Wellen wie eine nimmermüde Möve. Als wir nach siebenstündigem Flug – die meiste Zeit davon in der Nacht – Hawaii erblickten, brachen wir beide in ein lautes Halleluja aus.

Auf dem nächsten Abschnitt unseres Fluges hatten wir mit fünf Wirbelstürmen zu kämpfen. Einmal öffnete der Herr genau zur rechten Zeit ein Loch in den Wolken, um uns eine Insel sehen zu lassen, deren Funkantenne vom Taifun gebrochen am Boden lag. Die Fliegerjungs können sagen, was sie wollen, ich jedenfalls glaube, dass es nur Gottes Gnade war, die uns ans Ziel brachte.

Etwas Seltsames passierte dann jedoch, nachdem wir in Neuguinea angekommen waren. Schon bald freute ich mich königlich über die bewundernden Ahs und Ohs und an den Gratulationen, die von links und rechts kamen. Zwar gab ich äußerlich immer noch Gott die Ehre, aber innerlich akzeptierte ich die Lobpreisungen für meine –

meine! – Leistung. Wie einfach ist es doch, stolz zu werden, wenn man sicher auf dem Boden gelandet ist!

Doch Gott hat seine eigenen Methoden, mit stolzen Menschen umzugehen. Am nächsten Morgen kletterte ich, zusammen mit dem Piloten, der die Cessna 402 in Zukunft fliegen würde, ins Flugzeug, um zu sehen, ob er alles im Griff habe. Wenige Sekunden nach dem Anrollen versagte das rechte Triebwerk. Ich nahm das Gas zurück, trat voll auf die Bremse und es gelang mir, den angefangenen Start ohne Unfall abzubrechen. Vorsichtig rollten wir mit dem einen noch intakten Motor zurück zum Hangar. Der Mechaniker fand bald heraus, dass der Motor ausgefallen war, weil sich ein bestimmter Teil des Motores festgefressen hatte.

Kalter Schweiß brach bei mir aus. Wir waren um die halbe Welt herumgeflogen und der Motor hatte fehlerlos gearbeitet. Weshalb hatte er hier und in diesem Moment versagt? Ich weiß es nicht. Aber eines weiß ich sicher: Es war höchste Zeit für den alten Prahlhans, dass er sein Halstuch und seine Schutzbrille ablegte!

Von nun an gehört alle Ehre Gott, in der Luft und am Boden.

MENSCHEN,
DIE GOTT GEBRAUCHT

Es ist manchmal schon recht eigenartig, was für Menschen Gott gebraucht.

Eine große Gemeinde hatte mich als Gastredner zur Einweihung eines Flugzeuges eingeladen, das sie JAARS zum Geschenk gemacht hatte. Es war eine fundamentalistische Gemeinde, die ich ganz besonders gerne mochte. In diesem Sonntagmorgen-Gottesdienst war ich der Hauptredner – für einmal ein richtiger VIP.

Während der Sonntagsschule, die für Erwachsene und Kinder abgehalten wurde, machte mich ein Freund mit einer wunderschönen Schwarzen bekannt. Sie war zum ersten Mal hier, und zwar, weil sie gehört hatte, dass ich der Redner sei.

Obwohl wir uns vorher nie getroffen hatten, wusste ich sofort, wen ich vor mir hatte: Josephine Makil, eine Wycliff-Missionarin, eine Übersetzerin, die von ihrem Einsatz in Vietnam zuhause auf Urlaub war.

Vor ein paar Monaten war sie mit ihrer Familie auf einer einsamen Straße aus dem Hinterhalt überfallen worden. Josephine und drei ihrer Kinder mussten mit ansehen, wie ihr Mann und Vater, zusammen mit dem vierten Kind, das er in den Armen hielt, kaltblütig ermordet wurde. Josephine Makil ist ein Mensch, den Gott ganz besonders lieb hat.

Bevor ich an jenem Morgen meine Botschaft begann, stellte ich Josephine vor und bat sie und ihre Kinder, aufzustehen. Sie gab ein kurzes, kraftvolles Zeugnis und schloss mit den Worten: »Ich kann bestätigen, dass Gottes Wege vollkommen sind, und dass Seine Gnade ausreicht.«

Ihre Worte brannten in meinem Herzen, und ich hatte einen dicken Kloß im Hals. Am liebsten hätte ich meine Schuhe ausgezogen, denn mir war, als stehe ich auf geweihtem Boden. Es dauerte eine ganze Weile, bis ich fähig war, weiterzureden.

Nach dem Gottesdienst umringten mich viele Leute, lobten meine Rede, schüttelten meine Hand und klopften mir anerkennend auf die Schulter. Zufällig fiel mein Blick auf Josephine und ihre Kinder. Sie standen ein wenig abseits, niemand sprach mit ihnen, und ich wusste sofort, dass sie absichtlich gemieden wurden – weil sie schwarz waren.

Fast hätte ich mein Temperament nicht zügeln können. Am liebsten wäre ich durch das vornehme Gebäude gerannt, hätte die Kirchenstühle umgestürzt und gerufen: »Behaltet euer Geld und eure Lobhudelei. Behaltet euer Flugzeug, es stinkt vor Gott.«

Doch ich schwieg, vielleicht aus Feigheit. Ich ging hin zu Josephine und wir schwatzten ein wenig. Sie erwähnte nichts von ihrer Zurückstellung, sie übte Liebe und Vergebung wie damals bei der Ermordung ihrer Familie.

Die Menschen in dieser Gemeinde fanden es wohl eigenartig, dass Gott eine schwarze Frau wie Josephine in Seiner Arbeit gebrauchen konnte. Ich, auf der anderen Seite, finde es eigenartig, dass Gott rassistische Menschen gebrauchen kann – und doch ist das Flugzeug, das Geschenk dieser Gemeinde, ein Segen im Königreich Gottes geworden.

Andererseits bin ich gewiss, dass es Leute gibt, die sich wundern, dass Gott jemanden wie mich gebrauchen kann!

Josephine hat Recht. Wir sollten Liebe üben und – zu unserem eigenen Besten – Gott das Richten überlassen.

VOM GEWINNEN UND VOM VERLIEREN

Wir Männer tun uns schwer, etwas, was wir einmal angefangen haben, wieder aufzugeben. Wir haben eine »Reiß-dich-zusammen-Einstellung«, eine »Hilf-dir-selbst-so-hilft-dir-Gott«-Methode, mit der wir das Leben angehen.

Da kommt mir R. G. LeTourneaus kleine Piper Tri-Pacer in den Sinn. Es passierte in den späten Fünfziger Jahren, auf einem Landestreifen im Dschungel, in den Vorbergen der Anden. Es wollte der Piper einfach nicht so recht gelingen, abzuheben. Vier schwergewichtige Männer befanden sich im Flugzeug; es war ein klassischer Fall von zuviel Gewicht und zu wenig Pferdestärken. Das Flugzeug hüpfte und taumelte gegen das Ende der Rollbahn, wo es sich überschlug und mitten in einem wirbelnden Dschungelfluss landete.

Die Vier kletterten aus dem Flugzeug und begannen wie wild auf das etwa fünfzig Meter entfernte Ufer zuzuschwimmen. Doch die Strömung war zu stark, und bevor sie auch nur zehn Meter geschwommen waren, wurden sie unaufhaltsam flussabwärts gezogen. Nirgends war Rettung in Sicht.

Völlig ausgelaugt gab der erste Mann schließlich auf. Sein Körper erschlaffte – und seine Füße berührten den Boden des Flussbettes. Der Fluss, der sie scheinbar in den sicheren Tod riss, war nur einen Meter tief! Kerzengerade aus den Fluten ragend rief er seinen kämpfenden Kameraden zu, sie sollten doch mit dem Schwimmen aufhören und ihre Füße auf den sicheren Grund stellen.

Voller Dankbarkeit, doch mit roten Köpfen, wateten alle vier ans sichere Ufer.

In meinem geistlichen Leben bin ich so oft in dieser Situation gewesen, dass es mir weh tut, wenn ich nur daran denke. Gott allein weiß, wie mir Arme und Beine schmerzen vom Schwimmen in seichten Wassern. Es ist etwa dasselbe, wie wenn man mit zusammengebissenen Zähnen durchs Leben geht.

Wie oft bin ich in meinem Leben gezwungen worden, aufzugeben! Und jedes Mal empfand ich es als einen direkten Angriff auf meine Männlichkeit. Doch mit jedem Mal wurden die Worte meines Herrn tiefer und klarer in mein Herz eingraviert. Man kann verbissen kämpfen – und alles verlieren, sogar das eigene Leben – und doch gerade dadurch alles gewinnen.

DIE R&B-FORMEL

Wenn ich meinen Füllfederhalter verliere, werde ich zum Tier. »Wer hat meinen Füller gestohlen? ... Was heißt da ausgeliehen, gestohlen hast du ihn! ... Wisst ihr, was das Problem ist mit euch Kindern? Ihr habt keinen Respekt vor anderer Leute Besitz!«

In diesen Momenten äusserster Empörung bin ich fähig, Scheidung, geistige Grausamkeit, Brutalität und öffentliche Verhöhnung zu rechtfertigen. Wie soll man Frau und Kindern richtiges Benehmen beibringen, wenn man nicht Stellung nimmt zu solch unerhörten Vorkommnissen! Wie weit wird eine Frau gehen, wenn sie fähig ist, den Füller ihres Mannes zu entwenden, um eine Einkaufsliste zu schreiben? Was ist denn dann noch heilig?

In den zwei Minuten nach dem Auffinden des vermissten Füllers habe ich mehr über mich selbst gelernt, als in meinem ganzen Leben zuvor. Und es war nicht besonders erfreulich!

Einer meiner Freunde hat eine etwas einschüchternde Formel entwickelt um christliche Reife zu messen.

»Reife«, so erklärt er, »kann gemessen werden, und zwar an der Zeitspanne zwischen Reaktionsphase und Beruhigungsphase.«

Er nennt es deshalb die R&B-Formel.

Wenden Sie das nächste Mal die R&B-Formel an, wenn Ihnen jemand den Füller stiehlt oder sonstwie auf die Nerven geht. Ich kenne Leute, die nagen heute noch an Sachen herum, die vor vierzig Jahren passiert sind, und es sieht nicht so aus, als ob sie sich je davon erholen würden.

»Du bist nur einmal jung«, sagt ein Sprichwort, »aber du kannst dein ganzes Leben lang unreif bleiben.«

Vor nicht langer Zeit konnte ich die R&B-Formel wieder einmal an mir selbst testen. Nebst meinem Füller ist ein altes, abgetragenes Tagebuch im Taschenformat mein heiligster Besitz. Es ist mein Lebensretter. Mein ganzes Wissen ist in diesem Ringbuch festgehalten, einfach alles: Daten, Adressen, Telefonnummern, Notizen aus Predigten, Aussprüche, die ich irgendwo gelesen oder aufgeschnappt habe, fünfundzwanzig Jahre Erfahrung und mein Ausgabenkonto. Das kleine Buch ist wie eine Krücke für mich, schlicht unersetzlich.

Beim Anflug auf den Flughafen in Philadelphia wollte ich die kleine Kostbarkeit aus meiner Jackentasche holen und entdeckte dabei, dass das Buch nicht mehr da war. Ich erinnerte mich, dass ich es zuletzt in einer Telefonzelle im Flughafen in Washington gebraucht hatte. Meine Welt kam zum Stillstand!

In den darauffolgenden Momenten durchlief ich die Reaktionsphase mit jeder nur möglichen Gefühlsaufwallung: Verzweiflung, Frustration, Ärger auf mich und auf Gott, auf den Flughafen und auf die Telefongesellschaft.

Doch nach nur einer Minute und achtundvierzig Sekunden war ich bereits in der Beruhigungsphase, konnte Gott loben und preisen. Nicht schlecht, noch vor zwei Jahren hätte es mich drei Tage gekostet, bis ich mich erholt hätte!

»Okay, Gott«, sagte ich laut, »ich fühle mich zwar wie am Boden zerstört, weil mir etwas Wertvolles abhandengekommen ist, aber ich habe immer noch Dich und Deinen Heiligen Geist.« Je länger ich über die Situation nachdachte, desto besser konnte ich mich damit abfinden, ja, zuletzt war ich richtig glücklich darüber, dass ich das dumme Buch verloren hatte.

Eine Woche später lag ein kleines Paket in der Post. Darin fand ich mein Notizbuch und ein Kärtchen mit den Worten:

Lieber Herr May,

Wir fanden dieses kleine Buch am Ausgang 16 im Flughafen in Washington. Nachdem ich es kurz überflogen hatte, war mir sofort klar, dass es für jemanden ein kostbarer Besitz sein muss, der unverzüglich zurückgesandt werden muss. Ich fand heraus, wem es gehört – und hier ist es.

Mit freundlichen Grüssen

Bob Walters
Kundendienst
Allegheny Airlines

P.S. Als Ältester einer christlichen Gemeinde weiß ich, welchen Wert solch ein Notizbuch hat, und ich fühle mich geehrt, einem Manne Gottes helfen zu dürfen.

Uff, von Null auf Vollgas in fünf Sekunden!

»Oh, Liebling, mir scheint, ich hätte meinen Füller verlegt ...«

ÜBERGEWICHTIG

Schon seit einiger Zeit habe ich vermutet, dass Gewichtszunahme ansteckend ist. Während wir in den Dschungeln von Südamerika lebten, kannten wir keine Gewichtsprobleme, doch hier in den Staaten scheint es ein häufiges Problem auch unter Christen zu sein.

In unserem Hause kämpft nicht nur die ganze Familie May ständig mit dem Problem des Übergewichts, auch unser Hund, die Katzen und sogar der Kanarienvogel leiden unter dem Übergewichts-Syndrom.

Kürzlich hat sich auch unser Flugzeug angesteckt.

Ich konnte es kaum fassen, als der Mechaniker vom Hangar aus anrief, um mir mitzuteilen, dass mein Flugzeug übergewichtig sei. Zuerst stellte ich die Genauigkeit der Waage in Frage (tun wir das nicht immer?), doch Jim versicherte mir, dass sie das Flugzeug auf drei verschiedenen Waagen gewogen hätten.

»Schau der Tatsache ins Gesicht, Bern, dieses Flugzeug hat seit seiner Herstellung im Jahre 1964 hundert Kilogramm zugenommen.«

Das Schlimmste an der Sache war, dass niemand wusste, woher das zusätzliche Gewicht gekommen war. Doch die Tatsache blieb bestehen: JAARS hatte ein übergewichtiges Flugzeug!

Ich hätte es wissen müssen! Als ich das letzte Mal mit vier Personen, Gepäck und vollem Tank geflogen war, hatte ich Mühe gehabt, das Flugzeug vom Boden wegzubringen. Doch ich gab den alten, müden Motoren die Schuld. Klar waren sie müde – aber vom Schleppen des Übergewichts!

Wir machten uns lustig über unser Flugzeug, das eine Abmagerungskur nötig hatte, doch im Grunde war es eine ernste Angelegenheit. Durch das zusätzliche Gewicht war der Gebrauch des Flugzeuges ziemlich eingeschränkt. Unsere Aufgabe war es, Fracht zu transportieren, und deshalb konnten wir es uns nicht leisten, zusätzliche einhundert Kilogramm mitzuschleppen. Es sah ganz danach aus, als ob eine Amputation die einzige Lösung wäre. Doch was sollten wir wegoperieren? Etwa einen der Flügel, da das Flugzeug ja zwei hatte?

Falls wir herausfinden, woher das zusätzliche Gewicht kommt, können wir dieses Problem vielleicht in den Griff bekommen.

Aber diese Sache erinnert mich an einen meiner Freunde. Wie mein Flugzeug, so sieht auch er von außen ganz in Ordnung aus. Doch durch die Jahre hat er sich eine große Schuldenlast aufgeladen, die ihn fast zu Boden drückt. Es ist erstaunlich, wie sich Schuld aufhäufen und uns anhängen kann!

Als der Apostel Paulus auf einer seiner Reisen quer durchs Land aufbrach, erkannte er die Notwendigkeit, mit leichtem Gepäck zu reisen. Bevor er seine Freunde verließ, sagte er zu ihnen: »Darum wollen wir uns von allem freimachen, was uns beschwert, besonders von der Sünde, die sich so leicht an uns hängt« (Hebräer 12, 1; Gute Nachricht). Mit andern Worten, wenn wir mit den Adlern fliegen wollen, müssen wir auf unser geistliches Gewicht achten.

Der Flug ist schwierig genug, das Letzte was wir brauchen können, ist zusätzliches Gewicht.

WILDE WASSER

Wenn die Wasser des Amazonas hochstehen, muss man sich schon genau überlegen, wo man sein Wasserflugzeug landen will.

Im Februar und im März regnet es. Der Wasserspiegel steigt manchmal mehr als dreißig Meter, und die Fluten bedecken viele tausend Kilometer des Dschungels. Wenn die Wasser dann in den Fluss zurückfließen, reißen sie tonnenweise Baumstämme, Büsche und anderes mit sich. Es ist nicht ungewöhnlich, dass ganze Bäume im Amazonas schwimmen. Manchmal klammern sich kleine Tiere an die Äste, im verzweifelten Versuch, sich vor dem Ertrinken in den Fluten zu retten.

Während dieser Zeit ist es fast unmöglich, einen freien Landeplatz zu finden. Es kommt vor, dass man während des Gegenanfluges einen guten Platz erspäht, doch bis man dann auf den Endanflug eindreht, ist er von schwimmenden Bäumen und Schutt aller Art übersät. Eine Rollbahn voll ausgewachsener Bäume und hopsender Baumstümpfe kann einem ganz schön Angst einjagen.

Selbst wenn man endlich einen guten Platz zum Landen gefunden hat, fragt man sich, ob nicht vielleicht unter den Wassern ein Baumstamm schwimmt. Man erinnert sich an frühere Unfälle von Flugzeugen, die auf scheinbar glatten Wassern gelandet waren und dann von Stämmen zerstört wurden, die von der trüben Wasseroberfläche verdeckt gewesen waren. Ein Ast, der aus dem Wasser ragt, eine gerippelte Oberfläche – dies sind für den Piloten Anhaltspunkte verborgener Gefahren. Das Kniffligste und Gefährlichste an der ganzen Operation ist jedoch nicht der Fluss, sondern das Denken und Handeln des Piloten.

Es passiert immer wieder: Sobald man auf den Endanflug eindreht, sieht man plötzlich einen Landeplatz, der noch besser aussieht, als der, den man bereits gewählt hat. Der unerfahrene Pilot entscheidet sich nun vielleicht für diesen scheinbar günstigeren Platz, nur um dann beim Näherkommen zu entdecken, dass dieser doch nicht so vorteilhaft ist wie der zuerst ausgesuchte, – und er ändert seine Meinung noch einmal. Nichts Schlimmeres als das, es kann ihn das Leben kosten.

Es gibt nur Eines: Wenn du dich einmal auf etwas konzentriert hast, musst du dabei bleiben und dein Ziel klar im Auge behalten.

Jesus sagte, wir Christen müssten lernen, uns auf eine Sache zu konzentrieren. Es ist keine Sünde, wenn wir nur ein Talent haben. Die Sünde liegt darin, dass wir mit diesem einen Talent zehn Dinge tun wollen und dabei so frustriert werden, dass wir zuletzt überhaupt nichts erreichen.

Ich habe gesehen, wie durchschnittlich talentierte Piloten vorbildliche Landungen auf wilden Wassern machten, und ihr Geheimnis lag darin, dass sie sich auf einen Punkt konzentriert hatten.

VOM VERSAGEN

Die Art und Weise, wie jemand reagiert, wenn er versagt, offenbart uns weit mehr über seinen Charakter, als wenn wir ihn bei seinen erfolgreichen Unternehmen beobachten können.

Für eine gewisse Zeit gehörte es zu meinen Aufgaben, frischgebackene Piloten zu testen. Mein erster Prüfling war Eddie Lind in einer Norseman, einem großen, schweren Wasserflugzeug von vor-vorgestern. Eddie lernte schnell und legte eine hervorragende schriftliche Prüfung ab. Dann flogen wir eine Woche lang zusammen, und ich zeigte ihm, wie man in den wirbelnden, schlammigen Wassern des Amazonasbeckens am besten startet und landet. In der zweiten Woche flog ich als Copilot mit und überließ ihm die Instrumente. Danach meldete ich dem Chefpiloten, Eddie sei nun so weit, dass man ihn alleine fliegen lassen könne.

»Hat er schon eine missglückte Landung gemacht?«, fragte der Chefpilot.

»Nein, jede seiner Landungen war perfekt.«

»Dann ist er noch nicht bereit.«

Der Chefpilot war überzeugt davon, dass jeder neue Pilot zuerst eine schlechte Landung hinter sich haben müsse, bevor er voll einsatzfähig sei!

»Du musst herausfinden, wie er reagiert, wenn etwas schiefläuft«, sagte er. »Geh zurück und flieg mit Eddie bis er eine verunglückte Landung macht. Beobachte, wie er sich davon erholt, und dann wirst du wissen, ob er bereit ist, oder nicht.«

Zwei lange Wochen flog ich weiter mit Eddie und hoffte, dass er einen Fehler machen würde. Doch Eddie war ein Superpilot. Jede Landung, jeder Start war beinahe perfekt.

Doch dann passierte es! Wir bereiteten uns auf die Landung an einer Flusskreuzung im oberen Amazonasgebiet, in der Nähe des Dorfes Atalaya, vor. Es herrschte eine starke Strömung, eine Menge Schutt schwamm im Wasser herum, und dazu blies ein steifer Seitenwind. Es war nicht genügend Raum für einen Anflug. Von meinem rechten Sitz aus konnte ich die Unentschlossenheit auf Eddies Gesicht sehen, er war sich nicht sicher, wo er aufsetzen sollte, um die vorüberschwimmenden Baumstämme zu umgehen. Das war keine leichte Entscheidung! Ich biss die Zähne zusammen, suchte nach einem Halt, und war fest entschlossen, Eddie das Flugzeug landen zu lassen, und zwar ohne meine Mithilfe.

Das Flugzeug setzte hart auf, hopste wieder hoch, weil es nicht ausbalanciert war, und die Geschwindigkeit fiel rapide zurück. Eddie drückte den Schubhebel nach vorne und gab Gas, und als wir zum zweiten Mal aufsetzten, hatte er das Flugzeug wieder unter Kontrolle. Er hatte seinen Fehler großartig korrigiert.

Sobald das Flugzeug am Ufer vertäut war, entschuldigte sich Eddie für die harte Landung. Er wusste, dass und wo er Fehler gemacht hatte, und fühlte sich tief gedemütigt. Dass ihm das passieren musste! Nach einem ganzen Monat problemloser Landungen, sah es nun plötzlich so aus, als ob er sich doch nicht zum Dschungelpiloten eignen würde.

Ich klopfte ihm auf die Schulter und versuchte, ihm nicht zu zeigen, dass ich mich innerlich fast ausschüttete vor Lachen. Er dachte, er sei ein Versager! Nun, er war keiner, und ich sagte ihm warum. Zurück im Hangar suchte ich seine Akte heraus, schrieb den Vorfall hinein, verschloss den Umschlag und schrieb auf die Vorderseite: Bereit.

DER ERSTE WIRD DER LETZTE SEIN

Gestern abend kam Bernie junior vorbei und wollte mit mir über jemanden sprechen, der in den Augen der Welt alles hatte, was er begehrte.

»Weißt du«, sagte er, »dieser Universitätsprofessor hat einfach alles. Er ist erst neunundzwanzig und hat bereits seine eigene Buchhaltungsfirma mit Büros überall im Osten der Staaten. An der Uni lehrt er nebenbei, doch nur, weil es ihm Spaß macht, und nicht etwa, weil er das Geld braucht. Er kleidet sich modisch, ist witzig und geistreich, strahlt Erfolg aus und ist voller Ideen, wie man vorwärts kommt in dieser Welt. Du solltest bloß mal sehen, wie die Studenten ihm aus der Hand fressen.«

»Und doch«, fuhr Bernie fort, »als ich heute Nachmittag seinen Lehrsaal verließ, begann ich ihn mit Leon Downs zu vergleichen. Und ich muss einfach ständig darüber nachdenken.«

»Leon Downs?«, dachte ich.

Leon hatte die Oberschule frühzeitig abgeschlossen und dann sein Leben lang Schicht gearbeitet für Sun Oil in Marcus Hook, Pennsylvania. Nie hatte er etwas auf die Seite legen können. Nach seiner Pensionierung fuhr er sein altes, zerbeultes Auto ins JAARS-Zentrum nach Waxhaw und blieb dort jeweils ein paar Wochen. Er mähte Rasen und erledigte kleine Gelegenheitsarbeiten für Leute, die sich keinen Handwerker leisten konnten. Kurz vor seinem Tod war Bernie jr. mit Leon im Auto von Marcus Hook nach Waxhaw gefahren. Kopfschüttelnd war Bernie heimgekommen.

»Oh Mann, oh Mann, der alte Knabe fährt vielleicht komisch«, meinte er. »Er legt seinen Kopf weit in den Nacken und du denkst immer, dass er schläft, oder sonst was. Er fährt total langsam und die andern Fahrer hupen die ganze Zeit. Tag und Nacht trägt er seine doofe, alte Eisenbahnermütze. Würde man ihn nicht kennen, so würde man denken, er sei einer jener bedauernswerten alten Männer, die herumlaufen und leere Flaschen einsammeln, um ein paar Pfennige zu verdienen.«

Zwar schmunzelten wir ein wenig über Leon, doch war uns beiden bewusst, dass er ein ganz besonderer Mensch war. Er hatte sein Leben lang für ein anderes Königreich gearbeitet. Ungleich dem Professor, der sich darauf konzentrierte, alles zu erhaschen, was das Leben zu bieten hat – Leon hatte sich nur für eines interessiert – für das Geben. Und zwar alles, was er hatte.

»Jedes Mal, wenn ich bete, denke ich an ihn«, sagte Bernie leise. »Ich versuche, mir Leon als reichen Mann vorzustellen und herauszufinden, was er wohl mit seinem Reichtum gemacht hätte. Doch es will mir nicht gelingen. Obwohl Leon nichts besessen hatte, schien er immer zu denken, er sei der reichste Mann auf Erden. Er wollte nichts anderes tun als helfen.«

Wir wurden still. Draußen hörte man die Grillen und die Baumfrösche – Geräusche der Nacht.

»Ich habe viel über Persönlichkeiten nachgedacht«, sagte Bernie. »Ich denke an meinen Professor, und auch an dich, Dad, und an all die anderen Missionare, die ich kenne. Aber wenn ich ganz ehrlich bin, muss ich sagen, dass Leon Downs wahrscheinlich der größte Mensch ist, den ich je gekannt habe.«

Dann verstummte er. Von weit, weit her, hinter den Baumfröschen und den Grillen, über den Sternen – direkt aus der Ewigkeit – glaubte ich ganz schwach Applaus zu hören.

Notwendige Inspektion

EIN WORT VOM MESSGERÄT

Jim Baptista ist ein Mann des Details. Bevor er die Nase von Terra Firma abhebt, greift er sich sein geistiges Notizbuch und brütet über jedem Detail der Abflugsvorbereitungen.

Einmal flog ich mit ihm nach Tucson, Arizona, um für JAARS eine DC-3 aus den Militärüberschüssen zu holen. Sie sah vielversprechend aus und als wir uns durch die Checkliste arbeiteten, schien alles bestens zu funktionieren. Bis wir die Motoren starteten! Jim und ich tauschten einen vielsagenden Blick aus, als wir entdeckten, dass das Messgerät einen zu niedrigen Öldruck am rechten Motor anzeigte. Das ist nicht etwas, was man auf die leichte Schulter nehmen darf, und da wir finanziell absolut nicht in der Lage waren, einen neuen Motor zu kaufen, untersuchten wir die Sache sehr genau.

Vom Flugzeugwartungsbuch wussten wir, dass der Motor brandneu war, und dass der ursprüngliche Motor wegen eines zu niedrigen Ölstandes ausgewechselt worden war. Zwei Motoren – einer davon brandneu – hatten die genau gleichen Probleme entwickelt? Das schien uns ein fast unglaublicher Zufall und unser Detailmann wollte der Sache auf den Grund gehen. Er kroch unter das Instrumentenbrett und vertauschte die Kabel an dem Öldruckanzeiger, montierte das linke an der rechten Anzeige und das rechte an der linken. Sie haben es erraten: Nun zeigte der linke Motor einen zu niedrigen Druck. Und die Schlussfolgerung: Das Messgerät war das Problem – nicht der Motor. Jemand hatte für zwölftausend Dollar einen neuen Motor eingebaut, aufgrund falscher Angaben eines Messgerätes das dreißig Dollar gekostet hatte.

Aus welchem Grunde auch immer, wir neigen dazu, einem Messgerät blind zu vertrauen, vielleicht einfach nur deshalb, weil es sich vor uns auf dem Instrumentenbrett befindet. Ein kaputter oder nicht richtig funktionierender Öldruckmesser, Höhenmesser oder Kompass kann einen Piloten irreführen und ihn zu Maßnahmen verleiten, die ihn unter Umständen das Leben kosten können.

Während wir heimflogen und die beiden großen Motoren zufrieden surrten, dachte ich an andere Messgeräte, die uns einsuggerieren wollen, dass sie richtig funktionieren und uns die Wahrheit verkünden. Die einen rufen nach radikalen Veränderungen und die anderen versichern uns, dass alles in Ordnung sei.

Nennen Sie mich einen »geistlichen Detailmann«, wenn Sie so wollen, doch ich wundere mich manchmal über diese Geräte. Ich vertraue ihnen nicht mehr blindlings, auch wenn sie in der Vergangenheit genaue Messungen gemacht hatten. Kein Messgerät und kein Mensch macht immer exakte und wahre Angaben.

Ein Messgerät, das im grünen Bereich steckenbleibt während die Motoren heißlaufen, ist genau so gefährlich wie eines, das Sie veranlasst Gas wegzunehmen, wenn es nicht nötig ist. Der weise Mann vertauscht dann und wann seine Kabel und liest das Handbuch – oder fragt seinen Hersteller um Rat.

Irgendwo und irgendwann könnte es ihn davor bewahren, ausgebrannt zu werden.

INSPEKTIONEN

Jedes Mal, wenn ein Mitglied der Wycliff-Bibelübersetzer in eine neue Position gewählt oder bestimmt wird, wird von ihm oder ihr eine theologische Stellungnahme verlangt. So war ich nicht besonders überrascht, als ein dicker Umschlag auf meinem Pult landete. Die Sekretärin des Direktorenkommitees hatte ihn abgeschickt, kurz nachdem ich zum Direktor gewählt worden war. In höflichen Worten wurde ich aufgefordert, meinen Glauben darzulegen und zu beschreiben.

Ich fand das gut. Es gab mir die Möglichkeit, mich in Gottes Wort zu vertiefen und meinen Glauben an Gott, Gottes Sohn, den Heiligen Geist, die Bibel und andere biblische Grundsätze zu überprüfen.

Zur selben Zeit erhielt ich einen Brief von meiner Heimatgemeinde mit demselben Anliegen. Es ist eine Regel dieser Gemeinde, dass alle Missionare, die sie finanziell und im Gebet unterstützen, von Zeit zu Zeit zu ihrer Glaubenslinie Stellung nehmen müssen. Auf diese Weise möchten sie feststellen, ob wir nicht auf die eine oder andere Art in eine falsche Lehre hineingeschliddert sind.

Ich spaßte mit meiner Frau darüber und meinte, wenn ich nicht wüsste, dass die Leute von Wycliff und diejenigen der Gemeinde mich gern hätten, so würden mich diese Examen schon ein wenig verunsichern.

Doch Inspektionen sind nötig und eine gute Sache. Ich habe damit gelebt, seit ich in der Luftfahrt tätig bin. Aber als ich diese Formulare ausfüllte, musste ich an etwas denken, was man mir über Inspektionen bei JAARS erzählt hatte: Nach jeweils einhundert Stunden Einsatz werden unsere Flugzeuge einer sorgfältigen Inspektion unterzogen – eine beinahe heilige Handlung unter unseren Mechanikern. Doch dann kam jemand auf die Idee, die Inspektionen zu inspizieren. Und was fanden sie heraus? Dass die Mechaniker eine Menge Zeit damit zubrachten, die falschen Dinge zu untersuchen!

Während gewisse Teile auf das Peinlichste genau überprüft wurden, wurden andere total ignoriert. Ein Beispiel: Bei jeder Einhundertstunden-Inspektion löste unsere Mannschaft einhundert Schrauben an jedem der beiden Flügel, um einen Blick auf den Flügel-Tragholm werfen zu können. Dieser jedoch würde sich in hundert Jahren ununterbrochenen Fliegens nicht verändern! Dagegen schenkten sie kleinen Gummischläuchen, gewissen Instrumenten und Luftfiltern – Dinge, die sich dauernd abnützen und uns chronisch Kopfschmerzen verursachen – wenig oder gar keine Beachtung.

Unsere Mechaniker führten zeit- und energieaufwendige Inspektionen an relativ unwichtigen Teilen durch, während sie frischfröhlich diejenigen ignorierten, die ständige Überwachung dringend erforderten.

Nein, ich habe nichts gegen Inspektionen! Aber ich bin nicht dafür, dass man die falschen Dinge inspiziert. Nicht ein einziges Mal hat mich jemand an Johannes 17 geprüft, und wie ich mich – am Vaterunser gemessen – verhalte. Bei jeder Inspektion lockert jemand meine einhundert Schrauben und prüft meinen Tragholm, doch niemand inspiziert meine Filter, um herauszufinden, ob sie nicht durch Bitterkeit und Unversöhnlichkeit verstopft sind und die Liebe Gottes nicht mehr durch sie hindurchfließen kann. Gott hat eine andere Checkliste und eine andere Perspektive als wir. Die Bibel lehrt uns, dass, selbst wenn wir alles hergeben, auf ein entlegenes Missionsfeld gehen und dort sechzig Jahre lang eine theologisch richtige Lehre weitergeben, vielleicht sogar unser Leben dafür lassen – und hätten der Liebe nicht ... Sie wissen, wie der Vers weitergeht!

Inspektionen sind gut, wir alle brauchen sie – wenn die richtigen Dinge inspiziert werden. Vom richtigen Inspektor.

Ich bin überzeugt, dass der Meister, der uns entworfen hat, eifrig darauf bedacht ist, seinen Leistungsstandard zu halten. Wenn wir Ihn doch machen ließen!

DIE »GO, NO GO«-LISTE

Jede Fluggesellschaft hat eine »Go, No go«-Liste, die aus einer Kombination von Wetterfaktoren, einer mechanischen Checkliste und der persönlichen Checkliste des Piloten besteht.

Zum Beispiel: Ein schlecht funktionierendes Instrument, ein total ausgefranster Sicherheitsgurt oder eine Windhose am Ende der Rollbahn bedeuten ein »No go«. Eine ausgebrannte elektrische Birne am Instrumentenbrett hingegen, abgenützte Pneus oder Staub und tote Insekten an der Windschutzscheibe sind kleinere Probleme, die toleriert werden. Der Pilot erhält sein »Go« und darf abheben.

Als die Chefpiloten von unseren Überseeoperationen sich zu einem Sicherheitsflugseminar trafen, dämmerte es mir, dass auch diese kleineren Sachen eine Katastrophe herbeiführen können, wenn sie nicht ernstgenommen werden.

Wenn man unter Druck steht und das Wetter schlecht ist, dann können kleine Unregelmäßigkeiten – beim Abflug kaum beachtet– plötzlich ganz andere Dimensionen annehmen. Kurz vor einem spektakulären Zusammenstoß in der Luft hatte der Kapitän einer Luftfahrtgesellschaft berichtet, dass an seiner Windschutzscheibe so viele Insekten klebten, dass er kaum hindurchsehen könne. Es war sein letzter Rapport.

Wir waren beinahe am Ende unseres Sicherheitsseminares angelangt, als ein altgedienter Flieger das Wort ergriff.

»Ehrlich gesagt, meine Herren«, meinte er, »es sind nicht so sehr die kleinen Unregelmäßigkeiten am Flugzeug, die mir Sorgen machen, sondern diejenigen des Piloten. Wenn ich mich in der Luft befinde mit Gedanken, von denen ich weiß, dass sie nicht in Ordnung sind, dann bin ich die eigentliche Gefahrenquelle.«

Man wird in keinem Handbuch für Startvorbereitungen etwas Derartiges lesen, doch Recht hat er! Wer möchte schon mit einem Piloten fliegen, der gerade eine bittere Auseinandersetzung mit seiner Frau hinter sich hat oder der innerlich kocht wegen seinem Copiloten oder einer, der sein Temperament nicht zügeln kann, einer, der so voller Stolz und Selbstgerechtigkeit ist, dass er sich nichts sagen lässt?

Insekten an der Windschutzscheibe? Ist doch nur halb so schlimm! Kein Vergleich zu einer defekten Benzinleitung oder einem fallenden Öldruck – nur eine unbedeutende Beeinträchtigung der Sicht! Kleine Unregelmäßigkeiten: ein wenig Eifersucht, etwas Ungeduld, Vorurteile, unvorsichtige Worte oder unsaubere Gedanken, ein Morgen ohne Gebet ... In einem Flugzeug sind es manchmal die kleinen Dinge, die über Leben oder Tod entscheiden. Insekten an der Windschutzscheibe können auch uns Christen in einem kritischen Moment die Sicht beeinträchtigen – und dann treffen wir vielleicht eine falsche Entscheidung! Sie können der Grund einer moralischen Entgleisung sein und den Verlust unseres Zeugnisses bedeuten.

Christliche Leiter, Prediger und wir Eltern sollten unsere eigene »Go, No go«-Liste machen, bevor wir uns angurten und einen verantwortungsvollen Posten übernehmen. Wenn es hart auf hart kommt, muss alles aufs I-Tüpfelchen genau stimmen.

VERGISS NICHT, DEINE ANSCHLÜSSE ZU SÄUBERN

Es war eine dunkle, stürmische Nacht.

Wirklich, das war es. Einer meiner besten Freunde schreibt professionell, und er macht sich lustig über Leute wie mich, die eine Geschichte mit diesen vielgebrauchten Eingangsworten beginnen. Doch wenn man mit einer altertümlichen DC-3 auf einer der Westindischen Inseln eine Instrumentenlandung mit dem ADF, dem automatischen Peilgerät, machen muss, und es ist eine dunkle, stürmische Nacht – wie soll man sich da sonst ausdrücken? Ich kann Ihnen versichern, mir war überhaupt nicht zum Lachen zumute.

Mein ADF hatte es sich in den Kopf gesetzt, in jener Nacht zu rebellieren, als ich Kingston, Jamaica, während eines heulenden Sturmes anflog. Eine Weile zeigte es geradeaus, dann Richtung Spanien, und einmal sogar rückwärts. Zum Glück hatte ich ein zweites System zur Verfügung, welches sich loyal verhielt, so dass ich schließlich sicher am Boden landete.

Später schaute ich dem Radioelektriker zu, wie er das Funkgerät flickte. Nach ein paar einfachen Tests drehte er sich zu mir um und sagte: »Du wirst sie nie auf Kurs halten können, Kapitän, wenn du einen schlechten Anschluss hast. Dein Problem liegt hier, in diesem Stecker.«

Ich schaute ihm zu, wie er den komplizierten Stecker mit den zwanzig Stiften auseinandernahm. Durch Feuchtigkeit hatte sich Rost gebildet, und durch diese unfreiwilligen Widerstände an den Verbindungsstellen wurde das ganze Gerät unzuverlässig.

Nebst einem sauber geputzten und reparierten Instrument bekam ich noch einen guten Rat vom Fachmann mit. »Hin und wieder, Käpt'n, muss man sich Zeit nehmen und seine Anschlüsse säubern.«

An diesen Rat erinnerte ich mich kürzlich, als ich mit meiner Familie ans Meer auf Urlaub fuhr.

Es zeigte sich, dass ein Wohnwagen mit fünf Leuten an Bord cinc wunderbare Gelegenheit bot, »unsere Anschlüsse zu testen«. Am Ende des ersten Tages war uns allen klar, dass wir einige Schwachstellen hatten. Unser Umgang miteinander war oberflächlich und gereizt. Meine Frau drohte heimzugehen, mein ältester Sohn, ein Oberschüler im letzten Schuljahr, meinte es aushalten zu können, da es ja sowieso sein letzter Familienurlaub sei.

Wir konnten uns nicht einmal einigen, was wir trinken wollten.

Am nächsten Morgen wusste ich, dass es höchste Zeit war, »unsere Kontakte zu säubern«. Wir prüften uns selbst und überdachten unsere Beziehungen untereinander. Es dauerte nicht lange, bis wir herausfanden, dass Eltern nicht immer nur gerecht sind, und dass sich zwischen Brüdern still und heimlich zornige Gefühle aufstauen können. Wir sprachen uns aus und beichteten einander, beteten, »säuberten die Anschlüsse« – und erlebten einen der schönsten Familienurlaube, die wir jemals gehabt hatten.

Und nun will ich einige meiner andern Anschlüsse prüfen: Wie steht es um mein Verhältnis zu meinen Missionarskollegen? Oder meinen Nachbarn? Oder den Verwandten?

Wenn ich auf dem Kurs bleiben, und erfolgreich in meiner Arbeit und im Dienst für den Herrn sein will, dann muss ich dafür sorgen, dass die Anschlüsse sauber bleiben, denn – und daran besteht kein Zweifel –: Es werden noch mehr dunkle und stürmische Nächte kommen.

LEERE TANKS

Es ist ein Unterschied, ob man etwas sicher weiß oder ob man etwas bloß annimmt. Wenn man zum Beispiel nur annimmt, dass die Tanks eines Flugzeuges vor dem Start vollgefüllt worden sind, dann ist Ärger im Anzug...

Vor einigen Jahren, es war in Ecuador, hatte eine viermotorige DC-4 Schwierigkeiten nach dem Abheben. Zehn Minuten nach dem Start funkte der Pilot des schwer beladenen Frachtflugzeuges nach Guayaquil, einer seiner Motoren sei ausgefallen. Ganz gelassen berichtete er, dass er den Motor in Segelflugstellung gebracht habe und auf seinem Kurs weiterfliege.

Drei Minuten später funkte er wieder und meldete, dass ein zweiter Motor ausgefallen sei. Es sei wahrscheinlich klüger, wenn er zum Flughafen zurückfliege. Nach nur einer Minute kam die nächste verzweifelte Meldung, dass sowohl der dritte als auch der vierte Motor ausgefallen seien, und dass sie stürzten. Wie durch ein Wunder ging er mit dem großen Flugzeug in einem Bananenfeld zu Boden. Alle drei Mannschaftsmitglieder kletterten heraus, ohne dass sie einen Kratzer abbekommen hatten.

Die Untersuchung brachte an den Tag, dass jedes Mitglied der Mannschaft angenommen hatte, einer der andern hätte das Flugzeug vollgetankt – und so waren sie mit leeren Tanks gestartet. In den ersten paar Minuten schien alles in Ordnung zu sein, aber dann gingen sie zu Boden! Eine DC-4 bringt es nicht weit ohne Treibstoff für die Motoren!

Die tragische Geschichte hat noch eine besondere Pointe: Das Flugzeug ohne Treibstoff war schwer beladen mit Fässern voller Flugbenzin, die zu einem Flugplatz transportiert werden sollten!

Ein ähnliches Versehen, jedoch auf geistlichem Gebiet, kam kürzlich an den Tag, als wir mit dem Präsidenten einer christlichen Hochschule zusammensaßen. Die Unterhaltung drehte sich um unsere nationale Misere, das Hinschwinden der Moral und um den Zusammenbruch der Familie. Und dann kam dies:

Der Kaplan der Universität, bekümmert über die geistliche Oberflächlichkeit seiner Studenten, dachte sich einen einfachen Bibeltest aus. Keine kniffligen Fragen, nur einen einfachen Test, um zu erfahren, wieviel sie über die Bibel wussten. Das Resultat war erschütternd. Obwohl fünfundneunzig Prozent der Getesteten aus christlichen Elternhäusern und evangelikalen Kirchen stammten, waren sie biblisch völlig ungebildet. Kaum einer wusste die Anzahl der Bücher in der Bibel. Einige glaubten, Mose sei einer der Jünger Jesu gewesen und die Mehrzahl sagte, Exodus sei ein Buch des Neuen Testamentes.

Und sie alle dachten, ihre Tanks seien voll! Das ist das Gefährliche an der Sache. Sie glaubten, dass sie etwas hatten, was sie in Wirklichkeit eben nicht hatten.

Natürlich freut es mich, wenn ich höre, dass fünfunddreißig Prozent der amerikanischen Bevölkerung wiedergeboren sind, mit Gott in ein neues Leben gestartet und begeistert mit ihm unterwegs sind. Ich hoffe nur, dass sie vor dem Start über die dichten Dschungel des Lebens ihre

Tanks überprüfen. Die Jünger Jesu hatten drei Jahre lang Unterricht bei ihm genossen, und doch ermahnte er sie am Ende, sie sollten Jerusalem nicht verlassen, bevor sie den Heiligen Geist empfangen hätten.

Ein Flugzeugabsturz kann einem nämlich ganz schön den Tag verderben.

Am Flugplan mitarbeiten

UM JEMANDEN WEINEN

Es geschah letzte Woche: Mitten in einer Sitzung mit Geschäftsleuten in meinem Büro fing ich an zu weinen.

Ein Unternehmer aus Philadelphia war nach Waxhaw geflogen, um einen Tag mit uns im JAARS-Zentrum zu verbringen. Zwei Freunde – wie er an Missionsarbeit interessiert – begleiteten ihn. Wir hatten zusammen gegessen und das Zentrum besichtigt. In mein Büro zurückgekehrt, zog ich eine Akte heraus und begann, ihnen auszugsweise von Hilfsaktionen vorzulesen, die wir in letzter Zeit geflogen hatten: Das Opfer eines Schlangenbisses hatten wir in ein Spital in Peru gebracht, einen Doktor zu einem Indianerdorf in Ecuador, um eine Epidemie zu stoppen. Und wir hatten Hilfsgüter für die Opfer eines Erdrutsches in Kolumbien transportiert.

Dann erzählte ich ihnen von Rita, dem Indianermädchen aus dem Westen Brasiliens. Und das war dann der Auslöser! Plötzlich fing ich an zu weinen und konnte kaum weitersprechen. Ich errötete wie ein Schulmädchen, doch zum Glück waren meine Geschäftsfreunde sehr verständnisvoll und lachten mich nicht aus. Schnell wechselte ich das Thema und sprach über die Betriebskosten von Flugzeugen, Treibstoffverbrauch und die Anzahl der Arbeitsstunden, die man braucht, um einen Motor zu überholen, und über allerlei anderes, woran meine Freunde interessiert waren.

Vielleicht hätten auch sie geweint, hätten sie mehr über Rita gewusst. Rita war durch den Dschungel zum Hause von zwei alleinstehenden Wycliff-Missionarinnen getragen worden. Eine der Missionarinnen, eine Krankenschwester, hatte Rita untersucht und sofort gesehen, dass sie ohne augenblickliche medizinische Hilfe nicht überleben konnte. Sie litt unter schwerer Blutarmut und Malaria, und war zudem im fünften Monat schwanger. Die beiden Frauen funkten ins Zentrum nach Porto Velho und baten um ein Flugzeug für diesen Notfall.

Bald erschienen ein Pilot und ein Flugzeugmechaniker in einer Cessna 206 und flogen Rita zu der Entbindungsanstalt in Porto Velho. Dort fanden die Ärzte schnell heraus, dass sie voller lebensbedrohender Parasiten war. Das würde ein Kampf auf Leben und Tod werden! Obwohl sie voll ausgelastet waren mit ihrer Arbeit, pflegten Frauen und Männer des Wycliff-Zentrums die Patientin rund um die Uhr.

Viele spendeten Blut. Auf eine der Transfusionen hatte Rita eine so schwere Reaktion, dass die Ärzte glaubten, sie würde sterben. Im Zentrum ließen alle ihre Arbeit stehen und liegen und fanden sich zum Gebet ein! Und wieder schaffte es Rita. Das Personal im Spital war aufs Höchste erstaunt, dass sich so viele Leute um eine arme, ungebildete Indianerin kümmerten.

Ich weiß nicht, warum ich gerade bei diesem Bericht weinte. Vielleicht weil mir bewusst wurde, wie weit entfernt im unendlichen Dschungel Rita ohne Hoffnung auf Hilfe gelebt hatte, wo es für uns doch so einfach gewesen war, ein Flugzeug zu schicken, um sie ins Krankenhaus zu fliegen. Oder vielleicht war es wegen den Kosten. Der Flug, der Ritas Leben gerettet hatte, kostete 62 Dollar und

10 Cents. Oder vielleicht war es, weil sie Jesus Christus angenommen hatte und nicht nur geheilt, sondern auch vom Geiste Gottes umgewandelt, heimkam. Ich weiß es nicht, auf jeden Fall war ich tief aufgewühlt, als ich vor meinen Geschäftsfreunden zu weinen begann.

Doch warum sollte ich mich schämen über mein Weinen? Jesus weinte. Nehemia weinte, als er vom traurigen Zustand der Stadt Jerusalem hörte. Und die Nachrichten aus aller Welt, die wir Tag für Tag hören, sind auch nicht erfreulicher als diejenigen aus biblischen Zeiten. Sagte Gott nicht, dass wir weinen sollten, wenn wir für ihn Frucht bringen wollen? Unser Herr sucht Leute, die sich so um das Ergehen ihrer Brüder und Schwestern kümmern, dass sie darüber weinen können.

Wenn wir nicht weinen, wer wird es dann tun?

VON THERMOMETERN UND THERMOSTATEN

Kürzlich flog ich mit Dave Wike, einem Piloten der Eastern Airline, einen JAARS-Helikopter entlang der Luftstraße V-93 von Hampton, New Hampshire, nach Philadelphia. Das Wetter war schlecht, man ließ uns gerade noch so gehen. Die Nullgrad-Grenze, dort, wo man uns Flugerlaubnis gegeben hatte, war auf 8000 Fuß gesunken.

Während Dave flog, behielt ich die Außentemperaturanzeige im Auge. Dieses Instrument ist nichts anderes als ein altmodisches Thermometer. Ein Wechsel von einem oder zwei Grad würde entscheiden, ob sich Flügel und Propeller mit Eis bedeckten – oder ob wir einen angenehmen Flug genießen könnten.

Als sich dann tatsächlich Eis zu bilden begann, langte ich nach dem Mikrophon und erbat vom New Yorker Zentrum einen Höhenwechsel. Noch weitere fünf Minuten auf 8000 Fuß hätten sich katastrophal ausgewirkt.

»Was wir brauchen«, rief ich Dave zu, als wir in wärmerer Luft auf 6000 Fuß flogen, »ist ein Thermostat da draußen, nicht nur ein Thermometer.«

Thermometer messen die sie umgebende Temperatur, Thermostate veranlassen zusätzlich eine Veränderung derselben. Ein Thermostat misst, reagiert und veranlasst, dass es in unserem Hause gemütlich wird.

Es scheint mir, dass es dieser Tage im Königreich Gottes viele Thermometer gibt. Es ist so einfach, sich ein Urteil zu bilden. Von den Charismatikern bis zu den Katholiken scheint jedermann eine feste, unveränderliche Meinung zu haben. Manchmal fürchte ich, dass unsere Gemeinden vor lauter Analysieren und Urteilen wie gelähmt sind.

Viel seltener finden wir Thermostat-Menschen. Solche, die sich nicht mit bloßen Messungen zufriedengeben, sondern Veränderung bewirken, solche, die eine explosive Situation entschärfen und in einer kalten Gemeinde ein Feuer anzünden können.

Kürzlich wurde in unserer Nähe ein Kirchengebäude renoviert. Auf dem neuerrichteten Turm wurde kein Kreuz mehr aufgerichtet, sondern ein Wetterhahn. Wetterhähne, wie Thermometer, messen ihre Umgebung, doch Kreuze verändern sie.

An Messungen und Untersuchungen ist an sich nichts falsch, jeder Thermostat hat ein eingebautes Thermometer. Doch was im Königreich Gottes heute nötig ist, sind Männer und Frauen die mehr als nur analysieren können, die vielmehr eine verkehrte Situation erkennen – und sie zur Ehre Gottes verändern können.

Sonst bleibt uns keine andere Wahl als unseren Flugplan zu verändern und auf einer niedrigeren Höhe weiterzufliegen.

Aber das ist es nicht, wozu wir berufen sind.

DAS LETZTE BANKETT

Anfang Mai 1972 flog mein Freund Bengt Junvik ein neues Flugzeug nach Galena, Alaska. Dabei wurde er der Mittelpunkt einer intensiven Such- und Rettungsaktion. Ein Tiefdruckgebiet in den Bergen, ein fluktuierender Kompass und ein verwirrender Bergpass führten zu seinem Absturz in einer unzugänglichen Schlucht. Bengt überlebte den Unfall unverletzt, hatte jedoch keine Ahnung, wo er sich befand. Die nächsten vier Tage hüllte ein Schneesturm alles in Weiß.

In der Zwischenzeit wurde von Freunden, wie auch von offizieller Seite, alles nur Menschenmögliche unternommen, um ihn zu finden. Fünfzig Such- und Rettungsmannschaften und noch einmal so viele zivile und militärische Flugzeuge durchsuchten die Berge. Ein Geschäftsfreund aus Kalifornien flog nach Alaska und heuerte noch zusätzliche Flugzeuge und Helikopter für die Suche an. Christen rund um die Welt beteten.

Am fünften Tage flogen Suchflugzeuge direkt über Bengt, sahen ihn aber nicht. Am dreizehnten Tage gaben sie auf. Bengts Vorräte waren erschöpft, und er stufte seine Lage als hoffnungslos ein. Doch an diesem dreizehnten Tage flog ein Helikopter durch die Schlucht – und sichtete ihn.

Der Vermisste war gefunden und am Leben. Stellen Sie sich diesen Jubel vor! Seine Frau und seine Kinder, seine Freunde, die Suchtruppen, alle waren sie überwältigt vor Freude.

Ein Bankett wurde geplant und der größte Saal gemietet, der erhältlich war. Zweihundertfünfzig Leute fanden darin Platz – und der Saal wurde voll bis auf den letzten Platz. Als Zeremonienmeister amtierte der Geschäftsmann aus Kalifornien, der den Helikopter gemietet hatte, welcher Bengt schließlich aufspürte, nachdem alle andern aufgegeben hatten. Nun hatte Bengt Gelegenheit, dem Mann zu danken, der stunden-, ja, tagelang nach ihm gesucht hatte – nach einem Mann, den er nicht einmal persönlich kannte.

Als Bengt mir diese Geschichte erzählte, musste ich an ein anderes Bankett denken. Auch jene Bankethalle wird zum Brechen voll und Jesus selbst wird der Zeremonienmeister sein. Im Geiste höre ich Stammesangehörige der Campas, der Kewas und Aucas Dankeschön sagen für das Organisieren der Rettungsmannschaft, fürs Suchen und Aushalten bis zum Ende. Ich höre sie sagen: »Nur durch euren Einsatz sind wir heute hier.«

Welch ein Fest! Das ist der Grund, weshalb JAARS existiert. Wir sind eine Such- und Rettungsmannschaft für unerrettete Stämme.

hänssler

Rolf Scheffbuch

Koffergeschichten

Tb., 64 S.,
Nr. 392.804, ISBN 3-7751-2804-2

Reisen zu Christen in aller Welt sind das »Hobby« von Rolf Scheffbuch. Und auf jeder Reise waren Koffer der unterschiedlichsten Art stets mit dabei.

Abenteuerlich und amüsant waren die Situationen oft, die er mit ihnen erlebt hat: Da ist der Koffer mit dem Amtskreuz eines amerikanischen Bischofs ...

Geschichten, die ein Stück gelebte Erfahrung mit Gott erzählen!

Bitte fragen Sie in Ihrer Buchhandlung nach diesem Buch! Oder schreiben Sie an den Hänssler-Verlag, Postfach 12 20, D-73762 Neuhausen.